"十二五"职业教育国家规划教材
经全国职业教育教材审定委员会审定

二手车鉴定评估与交易

（第 3 版）

主　编　程　曦　赵计平
副主编　罗　钦　于文林
参　编　白　云　杨　洋
　　　　袁　琼

重庆大学出版社

内容提要

本书是"十二五"职业教育国家规划教材修订版。本书根据新版国家职业标准中的机动车鉴定评估师核心能力标准,依照教育部汽车技术服务与营销专业教学标准、对接"1+X"证书《汽车运用与维修(含新能源汽车)职业技术等级证书》中"汽车营销评估与金融保险服务技术(初、中、高)"职业能力组织教学内容。

全书共分为4个项目:在介绍二手车鉴定评估理论知识的基础上,项目1到项目3依次介绍了二手车鉴定评估实施过程中的四大步骤(评估准备,技术状况鉴定、价格评估及报告出具),项目4针对二手车交易的不同类型分别进行介绍。

本书力求理论知识循序渐进、实做练习切合实际,强调理论和实践的联系,以培养学生实际动手能力为目标,可作为全国职业教育汽车相关专业的教材,也可供二手车行业从业人员培训、参考使用。

图书在版编目(CIP)数据

二手车鉴定评估与交易 / 程曦,赵计平主编. --3
版. --重庆:重庆大学出版社,2023.1
高职高专汽车技术服务与营销专业系列教材
ISBN 978-7-5689-3690-3

Ⅰ.①二… Ⅱ.①程… ②赵… Ⅲ.①汽车—鉴定—
高等职业教育—教材②汽车—价格评估—高等职业教育—
教材 Ⅳ.①U472.9②F766

中国版本图书馆 CIP 数据核字(2023)第 007986 号

二手车鉴定评估与交易
(第3版)

主 编 程 曦 赵计平
策划编辑:杨粮菊
特约编辑:秦旖旎
责任编辑:杨粮菊 版式设计:杨粮菊
责任校对:关德强 责任印制:张 策

*

重庆大学出版社出版发行
出版人:饶帮华
社址:重庆市沙坪坝区大学城西路21号
邮编:401331
电话:(023)88617190 88617185(中小学)
传真:(023)88617186 88617166
网址:http://www.cqup.com.cn
邮箱:fxk@ cqup.com.cn(营销中心)
全国新华书店经销
重庆华林天美印务有限公司印刷

*

开本:787mm×1092mm 1/16 印张:11.5 字数:268 千
2014 年 3 月第 1 版 2023 年 1 月第 3 版 2023 年 1 月第 7 次印刷
印数:7 001—10 000
ISBN 978-7-5689-3690-3 定价:36.00 元

第3版前言

随着我国经济高速发展、居民生活水平不断提高、消费者消费观日趋成熟以及国家相关政策不断深入，近年来，我国二手车流通行业得到快速发展。以2019年为例，2019年全年我国新车销售2 500余万辆，同比下降近8%。而二手车交易量近1 500万辆，虽然只有新车销量的约3/5，但却同比增长约8%。即使是在特殊的2020年，突如其来的新冠疫情延缓了全球经济增长的步伐，在此波及下我国二手车市场没有完成年初预设的目标，却也维持了1 400万辆以上的销量。伴随着国产汽车品牌强势崛起、新能源汽车逐渐普及，我国汽车行业的格局悄然发生着巨大而深刻的变化。与此同时，为行业服务的职业教育也正处于多方位的变革之中，从教育理念上的"育人"与"教书"并重，到教学方式、教材形态的多样化。

为适应以上改变、做到与时俱进，也为答谢多年以来出版社的关照和读者的厚爱，编者在承袭前版"国际职业教育的先进教学理念"的基础上，根据新版国家职业标准中的机动车鉴定评估师核心能力标准，依照教育部《高等职业学校汽车技术服务与营销专业教学标准》、对接"1+X"证书《汽车运用与维修（含新能源汽车）职业技术等级证书》中"汽车营销评估与金融保险服务技术（初、中、高）"职业能力编写本书。本书按照"以行业需求为导向、以能力为本位、以学生为中心"的原则，把行业能力标准作为专业课程教学目标和鉴定标准，按照能力标准组织教学内容，针对高职学生的学习特征设计教学活动。力求使学生在"动中学、学中练、练中用"，为推进高职示范教材建设探索新途径。

本书以二手车鉴定评估流程为编写主线索，将准备工作、技术鉴定、价格评估独立成章分为3个学习项目编排。本书首先设置了一个学习情景，随着项目1到项目3学习的展开，基于该情景的任务逐步完成，最终形成一次完整的二手车鉴定评估，带领学习者沉浸式体验评估流程。项目1实施二手车鉴定评估准备工作，主要帮助学习者认识二手车和二手车市场的相关基础概念，认识二手车过户过程中的证件知识，培养客户接待、与客户洽谈的能力。项目2实施二手车技术状况鉴定，主要帮助学习者认识二手车性能评价的知识，培养其具备鉴定二手车技术状况的能力。项目3实施二手车价格评估与报告出具，主要帮助学习者认识二手车价格评估的方法，培养计算二手车价格的能力。项目4二手车交易，主要帮助学习者认识二手车交易类型的知识，加深其对二手车行业除评估师以外的其他岗位的认识。书中还穿插了我国最新的二手车鉴定评估、交易相关的政策与法规，以及节能环保、诚实守信等思政元素，并以"思政小窗口"的形式呈现出来。为了满足不同学习者的学习需求，本书配备了微课、动画等视频资源，可以通过扫二维码观看。此外，本书还配有电子课件、试卷及答案等，使用本书作为教材的教师可以联系出版社获取。

本书可作为高等职业院校、高等专科院校、成人高校、民办高校及本科院校汽车技术服务与营销专业及相关专业的教学用书,也可作为社会从业人士的业务参考书及培训用书。

本书由重庆工业职业技术学院程曦、赵计平担任主编,由重庆暖心车屋汽车经纪有限公司罗钦、九江职业技术学院于文林担任副主编,参编人员有重庆工业职业技术学院白云、杨洋和袁琼。全书共4个项目,具体分工如下:项目1由于文林、白云编写,项目2由程曦、袁琼编写,项目3由程曦、杨洋编写,项目4由赵计平、罗钦编写。全书由程曦和赵计平负责统稿和修改。另外,重庆衡正机动车评估有限公司郭晓冬、马勒汽车中国有限公司栾昕、东风南方集团刘彪在本书的编写过程中给予了宝贵建议,河北龙鼎科技有限公司参与了视频拍摄与制作。在本书的编写过程中,参考了大量已出版的相关图书和文献资料,以及汽车网站的资料,在此谨向这些作者表示诚挚的谢意。

由于编者水平有限,书中疏漏之处在所难免,恳请广大读者批评指正。对全书内容不妥之处提出宝贵意见和建议,我们将认真对待、加以完善,特此感谢。

编　者

2022 年 2 月

第1版前言

随着我国经济的高速发展、居民生活水平的不断提高、消费者消费观的日趋理性以及国家相关政策的不断深入，近年来，我国二手车流通行业得到快速发展。以2018年为例，我国全年汽车销售2 800万辆，同比下降近3%。而二手车交易量达479万辆，虽然只有新车销量的约1/2，但同比增长却高达11.6%；交易额也达到了8 603亿元，同比增长6.31%。这是我国二手车市场连续第二年涨幅远远超过新车市场，二手车市场发展速度已超过新车市场。伴随着二手车市场发展的是从业人员的剧增，据不完全统计，2012年我国二手车从业人员多达17.5万人，同比增长11%。这支庞大队伍的专业技能和职业素养从根本上决定着我国二手车市场的走向，也是行业内外普遍关心和关注的话题。

在重庆大学出版社的鼎力支持下，笔者借鉴国际职业教育的先进教学理念，结合自身多年的二手车教学实践经验，集聚成书，以期让学生"动中学、学中练、练中用"，为提高潜在从业者的专业技能尽到绵薄之力。

本书由重庆工业职业技术学院程曦、赵计平担任主编，由长安福特汽车有限公司周小强、太原大学江冰、重庆公共运输职业学院赵东明担任副主编，参编人员有长安福特汽车有限公司严光禄和重庆能源职业学院周欢，重庆第二师范学院栗晓玮。全书共5个项目，具体分工如下：项目1由赵东明、周欢编写，项目2由周小强、严光禄编写，项目3由赵计平编写，项目4由程曦编写，项目5由江冰、栗晓玮编写。全书由程曦和赵计平负责统稿和修改。另外，东风南方集团刘彪在本书的编写过程中参与了部分资料整理工作。本书在编写过程中，参考了大量已出版的相关图书和文献资料以及汽车网站的资料，在此谨向这些作者表示诚挚的谢意。

由于编者水平有限，书中疏漏之处在所难免，恳请广大读者批评指正。对全书内容不妥之处提出宝贵意见和建议，请致信 hujima99@163.com，我们将认真对待，并加以完善，特此感谢。

编　者
2014年1月

目　录

绪 论

1.课程能力标准

本书根据新版国家职业标准中的机动车鉴定评估师(职业编码4-05-05-02)核心能力标准,依照教育部《高等职业学校汽车技术服务与营销专业教学标准》、对接"1+X"证书《汽车运用与维修(含新能源汽车)职业技术等级证书》中"汽车营销评估与金融保险服务技术(初、中、高)"职业能力编写而成(表0.1)。

表0.1 二手车鉴定评估与交易教学内容对接"1+X"证书知识和技能要求

项目	任务	1+X 技能等级证书标准	
		技能要求	知识要求
项目1实施二手车鉴定评估准备工作	任务 1.1 认识二手车鉴定评估基本流程	1.7 初级 2.1.3 能检索中国车发展过程中重大事件	1.7 初级 2.1.3 中国汽车产业的发展历程 16.2.1 国家相关法律、法规。
	任务 1.2 二手车评估业务接洽	1.7 中级 9.2.1 能按客户接待流程接待进店客户	1.7 中级 9.2.1 客户接待流程。
	任务 1.3 核对证件	1.7 中级 9.1.1 能检查车辆配置和车辆手续	1.7 中级 9.1.1 车辆配置、手续的检查方法

续表

项目	任务	1+X 技能等级证书标准	
		技能要求	知识要求
项目 2 实施二手车技术状况鉴定	任务 2.1 实施车辆静态检查	1.7 中级 9.1.2 能检查装饰、钣金件、车架及内装部位，必要时可举升车辆检查 9.1.5 能检查随车千斤顶、备胎、备用钥匙、灭火器、三角牌、点烟器、车辆使用说明书、原厂保修手册等完整情况 9.2.4 能记录车辆基本信息记录 9.2.5 能进行车辆内饰及功能件检查，确认是否检修 9.2.6 能进行车辆外观检查，评定各部位的受损情况	1.7 中级 9.1.2 装饰、钣金件、车架及内装部位的检查方法 9.1.5 随车附件的检查细则 9.2.4 车辆基本信息的内容识别 9.2.5 车辆内饰检查的流程 9.2.6 外观受损检查的流程 9.2.9 车辆机械功能性检查的流程
	任务 2.2 实施车辆路试检查	1.7 中级 9.1.4 能进行动态评估：采用原地发动机路试等方法，对机械及电器系统、动力总成及行驶传动系进行检查 14.2.2 能动态检查机动车性能 14.2.3 能进行路试后的检查工作 14.2.4 能进行机动车制动性能检查 14.2.5 能进行机动车动力性能检查 14.2.6 能进行机动车操纵性能检查	1.7 中级 9.1.4 动态评估的内容 14.2.1 路试前应做的准备工作项目 14.2.2 机动车性能动态检查流程 14.2.3 路试后的检查工作内容 14.2.4 机动车制动性能检查流程 14.2.5 机动车动力性能检查流程 14.2.6 机动车操纵性能检查流程
	任务 2.3 实施车辆性能指标检测		

续表

项目	任务	1+X 技能等级证书标准	
		技能要求	知识要求
项目3 实施二手车价格评估与报告出具	任务3.1 重置成本法评估二手车价格	1.7 中级 7.2.1 能用重置成本法评估机动车价值 7.2.6 能确定机动车成新率	1.7 中级 7.2.1 重置成本法 7.2.6 成新率的概念和计算方法
	任务3.2 现行市价法评估二手车价格	1.7 中级 7.2.2 能用现行市价法评估机动车价值 7.2.7 能制定现行市价法的评估流程和计算方法	1.7 中级 7.2.2 现行市价法 7.2.7 现行市价法的概念
	任务3.3 清算价格法评估二手车价格	1.7 中级 7.2.4 能用清算价格法评估机动车价值 7.2.9 能使用清算价格法进行评估和计算	1.7 中级 7.2.4 清算价格法 7.2.9 清算价格法的方法
	任务3.4 收益现值法评估二手车价格	1.7 中级 7.2.3 能用收益现值法评估机动车价值 7.2.8 能制定收益现值法的评估流程和计算方法	1.7 中级 7.2.3 收益现值法 7.2.8 收益现值法的概念及流程
	任务3.5 二手车评估方法综合选用	1.7 中级 7.3.1 能与委托方交流,确认鉴定评估结论	
	任务3.6 撰写二手车鉴定评估报告书	1.7 中级 7.3.2 能编写机动车鉴定评估报告	1.7 中级 7.3.1 鉴定评估结论的内容 7.3.2 机动车鉴定评估报告的格式 7.3.5 机动车鉴定评估报告要素的构成。

续表

项目	任务	1+X 技能等级证书标准	
		技能要求	知识要求
项目4 二手车交易	任务4.1 二手车直接交易		
	任务4.2 二手车中介交易	1.7 中级 11.1.1 能进行车辆置换和集客 11.1.3 能进行车辆评估 11.1.6 能进行合同的签订:评估师与客户签订合同,做好相关文件的交接工作,并向客户说明后续流程以及需客户配合的事宜 11.1.9 能根据合同规定提醒客户进行保险过户或客户及时办理退保费 11.2.3 能进行检测确认是否可以拍 11.2.4 能发起预收购车辆竞价 11.2.5 能成功完成机动车竞价成交	1.7 中级 11.1.1 置换集客的流程和意义 11.1.3 车辆评估流程 11.1.6 合同签订的流程 11.1.9 保险过户和办理退保费的流程 11.2.3 车辆检测的流程 11.2.4 竞价发起的标准 11.2.5 竞价成交的流程
	任务4.3 二手车经营销售	1.7 中级 9.1.12 能确定最终收购价	1.7 中级 9.1.12 最终收购价确定的流程

2. 课程学习目标

学习者通过本课程的学习,应该具有全面且正确地估算二手车价格的能力。该能力由以下方面组成:

(1)专业知识

①有关职场健康安全法规、环境保护法、设备和个人安全要求的知识。

②二手车鉴定评估的含义和流程。

③二手车技术鉴定的内容和方法。

④二手车评估的方法。

⑤二手车交易的类型和流程。

(2)基本技能

①根据流程接待二手车鉴定评估业务委托。

②分析、鉴定二手车技术状况。

③对二手车价格进行评估。

（3）关键能力

①具有团队合作、沟通能力。在区队工作中，理解和响应顾客需求，与他人有效互动，共同完成工作目标。

②具有客户接待，与客户进行洽谈的能力。使用简明的语言和交流技巧，询问和主动倾听顾客的需求，从顾客处获得信息。

③计划和组织活动能力。计划鉴定评估工作，充分利用时间和资源，区分重点的工作。

（4）素质目标

①培养学生的爱国主义精神，民族品牌精神和以改革创新为核心的时代精神。

②培养学生爱岗敬业、脚踏实地、精益求精的工匠精神。

③培养学生勤奋好学、吃苦耐劳、专注耐心的敬业精神。

④培养学生"安全生产"和"7S"作业意识。

⑤培养学生严格按照行业规章及企业标准完成工作任务的良好习惯，强化法律意识、标准意识和质量意识。

⑥培养学生计划工作、团队合作的能力。

⑦培养学生能积极与他人有效互动，强化合作共赢意识。

⑧培养学生能充分利用时间和资源、区分重点和监督自己工作的能力。

3. 学习前学习者应具备的能力

在开始学习本课程之前，学习者必须完成以下能力的学习：

①运用安全工作条例。

②使用和维护量具及检测设备。

③识别汽车零部件及系统。

④评价汽车性能指标。

⑤诊断汽车常见故障。

⑥维修汽车机械及电器部分。

⑦维修车身。

⑧进行三级运算。

⑨运用商务礼仪进行客户接待。

4. 课程学习方法

单元学习内容和学习方法建议见表0.2。

表0.2 单元学习内容和学习方法建议

项　目		教学方法建议						
		叙述式	互动式	小组讨论	案例分析	角色扮演	实作展示	现实模型
项目1 实施二手车鉴定评估准备工作	任务1.1 认识二手车鉴定评估基本流程	√	√	√	√	√		
	任务1.2 二手车评估业务接洽	√	√	√		√	√	√
	任务1.3 核对证件	√	√	√	√	√	√	√
项目2 实施二手车技术状况鉴定	任务2.1 实施车辆静态检查	√	√	√			√	
	任务2.2 实施车辆路试检查	√	√	√			√	
	任务2.3 实施车辆性能指标检测	√	√	√			√	
项目3 实施二手车价格评估与报告出具	任务3.1 重置成本法评估二手车价格	√	√	√	√			
	任务3.2 现行市价法评估二手车价格	√	√	√	√			
	任务3.3 清算价格法评估二手车价格	√	√	√	√			
	任务3.4 收益现值法评估二手车价格	√	√	√	√			
	任务3.5 二手车评估方法综合选用	√	√	√	√			
	任务3.6 撰写二手车鉴定评估报告书	√	√	√	√	√		√
项目4 二手车交易	任务4.1 二手车直接交易	√	√	√				
	任务4.2 二手车中介交易	√	√	√	√	√		
	任务4.3 二手车经营销售	√	√	√				

5. 图标介绍

在学习中,教师和学习者根据书中图标提示的学习步骤及要求进行教学和学习,图标的含义见表0.3。

表0.3　图标的含义

图标	图标含义	图标	图标含义
	学习目标		问题
	学习资源、学习信息		实作任务
	可供学习的环境和使用的设备		

6. 课程学习资源配置

本教材中对关键知识配置了视频,可通过扫描二维码进行学习。

7. 课程学习鉴定指南

(1)鉴定标准

鉴定标准依据新版国家职业标准中的机动车鉴定评估师(职业编码4-05-05-02)核心能力标准,和"1+X"证书《汽车运用与维修(含新能源汽车)职业技术等级证书》中"汽车营销评估与金融保险服务技术(初、中、高)"职业能力标准。

(2)鉴定关键证据

①遵守安全操作规范。

②有效地与相关工作人员和客户交流。

③完成一系列工作准备活动。

④解释鉴定结果。

⑤按照行业规定和市场要求,在规定时间内完成二手车评估任务。

⑥向顾客交付鉴定评估报告书。

(3)鉴定范围

①基础知识和技能可以在岗或离岗进行鉴定。

②实践技能的鉴定应当在经过一段时间的指导实践和重复练习取得经验后进行。若不能提供职场实施鉴定,可以在模拟的工作场所进行鉴定。

③规定的任务必须独立完成。

（4）鉴定方法

鉴定必须符合安全操作规范，必须确认知识与技能的一致性和准确性。本课程鉴定方法见表0.4。

表0.4　本课程鉴定方法

项目名称	鉴定方法							
	工作场所观察	模拟或角色扮演	口头提问	书面提问	技能展示	案例分析	项目工作和任务	证据素材收集
项目1 实施二手车鉴定评估准备工作	√	√	√	√	√	√	√	√
项目2 实施二手车技术状况鉴定	√	√	√	√	√	√	√	
项目3 实施二手车价格评估与报告出具	√	√	√	√	√	√	√	
项目4 二手车交易	√	√	√	√	√	√	√	√

8. 教学评估方法

本书附有学生评估工具，教师和学生可以使用这些评估工具从小组学习、学习用书、教学方法、学习方法、学习鉴定五个方面开展教学评估。教师也可以根据教学中具体情况，自己设计评估问卷，进行教学评估，监控教学质量。

学习情景导入

说明：

　　1. 请教师结合实训条件，指定实训车辆，参考"情景描述"给定的故事背景，随着项目 1 到项目 3 教学的展开，指导学生填写各任务后的任务单，从而帮助学生完成一次完整的机动车鉴定评估作业。

　　2. 该情景涉及的车辆相关信息，由任课教师根据实车进行填写。

　　3. 由于二手车市场面临的状况众多，教师也可根据当地实情或亲身经历、自行设置学习情景。

情景描述：

　　2021 年 12 月 1 日，郭先生携妻子来到 A 资产评估公司。以下是发生在郭先生与评估师老洪间的对话：

　　洪：今天您到我们公司来是为了？

　　郭：以前在 B 4S 店购买了一台_____，现在家里添了小孩，这车就有点小了，想去店里换辆大一点的。但是怕被 4S 店压价，所以先请你们评估下，好心里有底。

　　洪：您大致介绍下您这台车的情况吧。

　　郭：_____ 年 ___ 月购买的，_____版/型。我很爱惜车，基本没什么划痕，从来没出过事故，也定期做保养，车内一直都干干净净的。

　　洪：保险买了吗？

　　郭：保险要到期了，明年的还没买。

　　洪：请问您的联系地址和联系方式分别是？

　　郭：东海区桃花街道 1234 号，电话 13333333333。

郭先生出示了相关证件,证件显示车主信息如下:

车主:郭靖;

身份证号:7777777777777777777。

证件显示车辆信息如下:

号牌:山 A12345;

VIN:_____;

发动机号:_____;

票面价格:_____元;

年审到期时间:_____;

保险到期时间:_____。

随后老洪为郭先生办理了委托手续并检查、评估了郭先生的车辆。详情见各任务后的"完成下列任务"。

项目 1

实施二手车鉴定评估准备工作

项目学习目标

通过本项目的学习,应认识二手车及二手车鉴定评估准备工作的相关知识,获得从事二手车鉴定评估业务洽谈先前能力。其具体表现为:

(1)认识二手车鉴定评估的基本要求;

(2)能够承接鉴定评估业务;

(3)能正确地执行证件核对。

项目学习资源

有关二手车和二手车鉴定评估的资料,可查询文字或电子文档如下:

(1)二手车交易和行业组织的网页;

(2)各种介绍二手车鉴定评估的书籍;

(3)有关二手车市场管理及车辆报废的法律与法规。

可提供学习的环境和使用的设备

(1)车间或模拟车间;

(2)二手车接待或模拟二手车接待工作环境;

(3)安全的工作环境和工作场所;

（4）整车车辆；

（5）二手车鉴定评估的必要技术文件。

项目学习任务

任务 1.1　认识二手车鉴定评估基本流程

任务 1.2　二手车评估业务接洽

任务 1.3　核对证件

学生学习目标检查表

任务1.1 认识二手车鉴定评估基本流程

学习目的

(1)认识二手车和二手车鉴定评估的定义;

(2)认识中美二手车市场及我国二手车市场的管理规章条例。

学习信息

1.1.1 二手车定义

二手车,英文译为 secondhand vehicle,意为"第二手的汽车",是指在公安交通管理机关登记注册,在达到国家规定的报废标准之前或在经济使用寿命期内仍可继续使用并转移所有权的汽车。

(1)汽车报废标准

自2013年5月1日起,我国施行新的《机动车强制报废标准规定》,明确了根据机动车使用和安全技术、排放检验状况,对达到报废标准的机动车实施强制报废。《机动车强制报废标准规定》的内容详见本书1.1.4小节。

(2)汽车经济使用寿命

汽车从初次登记日开始计算,到不能使用时为止,所经历的总时间或总行驶里程,叫作汽车的使用寿命。衡量汽车使用寿命的标准有汽车的经济使用寿命和技术使用寿命。其中,汽车到达经济使用寿命意味着汽车的运营成本过高、使用不经济、无法实现预期收益,因而一般是针对营运性车辆而言的。影响汽车经济使用寿命的因素有车辆的损耗、车辆的来源与使用强度、车辆的使用条件等。

1)车辆的损耗

车辆的损耗包括有形损耗和无形损耗两个方面。无形损耗是由于技术进步、生产发展、国家政策、市场变化等因素,出现了更先进的新车,导致二手车车型相对贬值。有形损耗是由于物理、化学的原因,导致车辆实体发生损耗。损耗形式主要包括磨损、腐蚀、老化、疲劳、积垢、变质,以及不正确的维修或调整不当等。

2）车辆的来源与使用强度

由于管理和维修水平相差较大，按使用部门不同，可将车辆来源归纳为交通专业运输车辆、社会专业运输车辆、城市公共交通车辆、社会零散运输车辆和城市出租车辆。其中，到二手车交易市场进行交易较多的是后两种。

社会零散运输车辆是指机关、企事业单位和个人的非营运车辆。这种车辆一般没有统一的管理机构和维修基地，使用情况差异很大。

城市出租车辆又分为客运出租和货运出租。前者使用强度很大，一般年平均行驶里程达 10 万千米左右。后者受货运市场影响较大，也与车辆是否经常超载、是否规范管理使用等因素紧密相关。

3）车辆的使用条件

汽车的使用条件主要考虑道路条件和气候条件。

我国道路根据使用任务、功能和适应的交通量分为高速公路、一级公路、二级公路、三级公路、四级公路 5 个等级，其等级越高，对汽车的损耗越大。此外，一些特殊的地理地形，如山区、高原等，也对汽车损耗有一定影响。

除此以外，我国幅员辽阔，各地的气候条件差异很大，如南方炎热，发动机易过热；东北冰雪季交通事故多发；风沙大的地区会加剧汽车运动副磨损等，要求车主因地制宜采取一定措施，否则对汽车经济使用寿命的影响不可忽略。

（3）汽车技术使用寿命

汽车到达技术使用寿命的标志是车辆主要零部件的工作尺寸、工作间歇达到极限，车辆总体性能达到技术极限或燃、润料极度损耗而不能再继续修理。技术使用寿命主要取决于各部分总成的设计水平、制造质量和合理的使用与维修。因此，维修记录齐全的二手车，车辆残值相对较高。

汽车使用寿命及影响因素

1.1.2　二手车鉴定评估的基本要素

二手车鉴定评估是指依法设立的具有执业资质的汽车鉴定评估机构和评估人员，按照特定的目的，遵循法定或公允的标准和程序，运用科学的鉴定方法，对二手车进行手续检查、技术鉴定和价格估算并最终出具鉴定评估报告的过程。在二手车鉴定评估过程中，一般涉及 6 个基本评估要素，即鉴定评估的主体、客体、评估目的、评估依据和原则以及评估方法。

（1）二手车鉴定评估的主体与客体

二手车鉴定评估的主体是指二手车鉴定评估业务的承担者，即从事二手车鉴定评估的机构及专业评估人员。

思政小窗口

用科学思维看待二手车评估师制度和职业名称的变更

　　熟悉汽车行业的人大概率听说过一个职业——二手车评估师。二手车评估师，全名"二手车鉴定评估师"，是拍卖、典当、鉴定估价师类别下的一个职业工种，伴随着二手车市场的迅速壮大，从业人员数量缺口激增，相关动态受到业界广泛关注。

　　在2016年国务院公布的第七批取消职业资格许可和认定事项中，包括了二手车鉴定评估师职业资格。然而职业资格的取消，不是取消了对职业岗位的要求标准，而是二手车鉴定评估师将由国家一级行业组织自主实施水平评价认定，政府部门则继续加强职业标准和评价规范的制定工作。2021年12月，人社部办公厅颁布了新版机动车鉴定评估师国家职业技能标准。

　　2019年4月，人力资源和社会保障部在组织专家严格按照新职业评审标准对征集的新职业有关材料进行评审论证的基础上，将职业名称"二手车鉴定评估师"更改为"机动车鉴定评估师"，更全面地概括了鉴定评估的工作客体。

　　二手车鉴定评估的客体是指被评估车辆。《二手车流通管理办法》规定下列车辆禁止经销、买卖、拍卖和经纪：

　　①已报废或者达到国家强制报废标准的车辆；

　　②在抵押期间或者未经海关批准交易的海关监管车辆；

　　③在人民法院、人民检察院、行政执法部门依法查封、扣押期间的车辆；

　　④通过盗窃、抢劫、诈骗等违法犯罪手段获得的车辆；

　　⑤发动机号码、车辆识别代号或者车架号码与登记号码不符，或者有凿改迹象的车辆；

　　⑥走私、非法拼（组）装的车辆；

　　⑦不具有车辆法定证明、凭证的车辆；

　　⑧国家法律、行政法规禁止经营的车辆。

　　（2）二手车鉴定评估的目的和作用

　　二手车鉴定评估是为了正确反映二手车的价值量及其变动，为将要发生的经济行为提供公正的价格尺度。具体来讲，二手车鉴定评估的目的有以下几点：

　　1）车辆交易

　　二手车买卖是二手车业务中最为常见的一种经济行为。在二手车交易过程中，二手车鉴定评估人员作为第三方，站在公正、独立的立场对车辆进行评估，评估值比较客观地反映二手车价值量，为交易双方提供公平的价格尺度和价值参考。

　　2）车辆置换

　　随着二手车交易的发展，越来越多的品牌专卖店开展以旧换新的置换业务。为使车辆置换顺利进行，通常专卖店开展有二手车鉴定评估业务，对二手车进行评估并提供评估值。

3）车辆拍卖

法院罚没车辆、企业清算车辆、海关获得的抵税车辆、个人或单位的抵债车辆等均须经过拍卖市场的公开拍卖进行变现。拍卖前必须对车辆进行鉴定评估，为拍卖活动提供拍卖底价。

4）企业资产变更

在企业合作、合资、合并等经济活动中，牵涉到资产所有权的转移。车辆作为企业固定资产的一部分，自然也存在着产权变更问题，须对其价值进行评估。

5）抵押贷款

银行为了确保放贷安全，要求贷款人以一定资产作为抵押，根据抵押物的价值发放给贷款人相应数额的贷款。如果以汽车作为抵押，那就需要通过鉴定评估来确定汽车的抵押价值。

6）保险

对车辆进行投保时，所缴纳的保费高低直接与车辆本身的价值大小有关。另一方面，出险车辆从保险公司获得的赔付金额最大不超过出险前的车辆价值，因此必须对投保车辆的价格进行鉴定评估。

7）司法鉴定

当事人遇到涉及车辆的诉讼时，委托鉴定评估师对车辆进行评估，有助于把握事实真相；同时，法院判决时，可以依据评估结果进行宣判。

除此以外，二手车鉴定评估还可为交易管理部门实施收费、二手车交易纳税、二手车办理按揭贷款等交易中间活动提供价格参考。

（3）二手车鉴定评估的依据

二手车鉴定评估工作和其他工作一样，在评估时必须有科学依据，这样才能得出较正确并且让委托方信服的结论。二手车鉴定评估的依据主要包括：

1）理论依据

二手车评估的理论依据是资产评估学，包括资产评估的基础理论及具体评估方法。资产评估是市场经济中非现金类资产交易的基础，是一种中介服务，是二手车鉴定评估人员必须掌握的基础知识。

2）政策法律依据

二手车鉴定评估的政策性强，其法律依据主要是二手车评估时必须遵循的法律法规及相关政策，主要包括《国有资产评估管理办法》《二手车流通管理办法》《中华人民共和国机动车登记规定》《机动车运行安全技术条件》《机动车强制报废标准规定》《汽车产业发展政策》等。

3）价格依据

价格依据是二手车评估机构和人员在评估工作中直接或间接地取得或使用对二手车评估有借鉴或佐证作用的资料。一是历史依据，主要包括车辆的账面原值、净值等资料；二是现实依据，即以评估基准日这一时点现实条件为准，现时的价格、现时的车辆功能状态等。

（4）二手车鉴定评估的原则

二手车鉴定评估的原则是对二手车鉴定评估行为的规范。为保证鉴定评估结果的真实、准确，二手车鉴定评估的主要原则包括：

1）公平性原则

公平、公正、公开是二手车鉴定评估机构和工作人员应该遵守的一项最基本的道德规范，要求评估人员思想作风和态度公正无私、没有偏颇。

2）独立性原则

要求二手车鉴定评估机构和工作人员在进行二手车鉴定评估工作时，不受外界干扰和影响。评估机构必须是独立中介，评估人员与评估对象的利益涉及者没有利益联系。

3）客观性原则

评估结果应以充分的事实为依据，所收集的资料数据应该准确，车辆技术状况鉴定必须翔实可靠、反映被评估车辆的真实情况。

4）科学性原则

二手车鉴定评估机构和人员应该运用科学的方法、程序、技术标准和工作方案开展活动。

5）专业性原则

要求鉴定评估人员接受国家专门的职业培训，经职业技能鉴定合格后由国家统一颁发职业证书，持证上岗。

6）可行性原则（也称有效性原则）

要求评估人员素质是合格的，有可利用的汽车检测设备，能评估所需的真实可靠的数据资料，评估程序和方法科学合法。

1.1.3 二手车鉴定评估程序

二手车鉴定评估工作程序，即二手车鉴定评估操作程序，是指二手车鉴定评估机构在承接具体的车辆评估业务时，从接受立项、受理委托到完成评估任务、出具鉴定评估报告全过程的具体步骤和工作环节。具体步骤如图1.1所示。

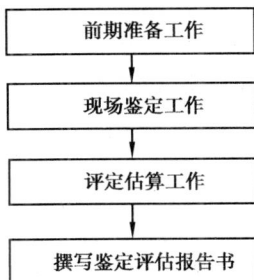

前期准备工作

现场鉴定工作

评定估算工作

撰写鉴定评估报告书

图1.1 二手车鉴定评估工作程序

1.1.4 二手车市场

我国汽车工业历经数十年的发展,伴随着人民生活水平的提高,新车销量已于十多年前一举超越美国成为全球第一。然而时至今日,每当提及世界上最大的汽车市场,人们仍对美国车市津津乐道,究其原因,二手车市场在其中扮演了举足轻重的角色。

(1)美国二手车市场

全球规模最大的二手车市场在美国。过去10年里,美国新车的年平均销量为1 600万~1 700万辆,而二手车的年销量却高达4 000万辆以上,基本上是新车的2~3倍。

美国二手车之所以畅销的原因,总结起来有如下几点:

①美国新车市场经过多年积累,为二手车市场的繁荣奠定了良好的基础。新车市场和二手车市场的联动是不言而喻的:今天的二手车市场是昨天新车市场的延续,今天的新车市场又蕴含了明天的二手车市场。发达的新车市场为二手车市场输送了源源不断丰富多样的新鲜血液,催生了交易频繁的二手车市场。

②美国消费者的消费理念务实、成熟,二手车价格便宜。美国消费者在购买车辆时通常只关注车辆的使用价值,形成了梯度购车的消费理念,会根据各自的收入水平购置体现其消费特点的车辆;对部分消费者而言,汽车更是过渡型消费品。因此,价格通常只有新车一半左右、性能质量仍可靠耐用,甚至用过后可再次转手的二手车大受低收入者和没有收入的学生欢迎,就不难理解了。

③二手车鉴定评估、认证体制由政府牵头,行业协会、大汽车公司等权威机构共同参与制定。例如,美国买卖二手车的"圣经"——《凯利蓝皮书》(KELLEY BLUE BOOK,简称KBB)就为美国众多汽车消费者提供权威的二手车标准参考价;CARMAX公司会对经销的二手车进行检测,给出详细车况报告,甚至代客整修等。

④售后服务、保修过户政策解除二手车消费者的后顾之忧。美国知名汽车厂商通常提供5年以上、至少10万千米的超长保修,而且明确规定即使更换车主,没用完的保修期限照样有效。在一些州,如果消费者对已购买的二手车不满,在未遭损坏且行车未满300 mi(1 mi≈1.609 km)或时间还未超过3天的情况下,可全额退还或7天"无理由更换"。美国二手车税费较新车少,只需支付一定比例的税金,之后每年缴纳200美元左右的车牌税,没有购置税、养路费等负担。

⑤交易方式先进灵活,引入第三方支付平台,保护二手车消费者权益。在美国,除了二手车品牌车行、汽车超市、二手车车行、个人与个人(又称C2C)交易等,二手车拍卖也是交易的主流方式之一,有些公司还通过卫星系统或网络进行拍卖,买家可以在电视上看到实况并通过电话报价。质押公司和银行在交易过程中充当"支付宝",买家收到汽车并检测没问题后,再通知银行将款项拨给卖家,银行则收取相应的服务费。

美国二手车
市场现状

（2）我国二手车市场

我国的二手车市场形成于20世纪90年代中期，起步较晚，发展较快。根据中国汽车流通协会（简称CADA）权威统计，近10年我国二手车交易量持续快速增长，即使在新冠肺炎病毒突然来袭的2020年出现了负增长，2021年市场仍强势复苏（见图1.2）。

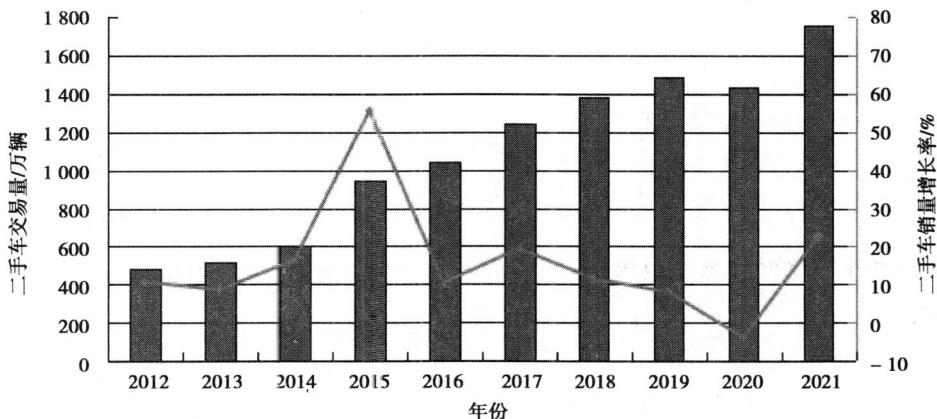

图1.2　近十年我国二手车年销量及增长率

尽管增长势头迅猛，但是结合美国等发达国家的二手车市场发展规律，从新车市场的表现及对二手车市场的影响、二手车经销商的经营模式和规模、消费环境和政策体系等方面来看，我国二手车市场仍有巨大的发展潜力和增长空间。严重制约我国二手车市场发展的各项因素也在逐步改善，包括缺乏健全的法规和科学的管理体系，税收标准不统一，存在诚信危机，售后服务难以保障，缺乏统一的评估标准和规范，从业人员素质较低等。

在这个持续改善的过程中，现阶段我国二手车市场主要有以下特征：

1）以有形二手车交易市场为主体

我国二手车市场经过40多年的发展，二手车交易模式由早期以零散的个人直接交易、车贩子倒车为主的单一交易模式，发展到今天以二手车经销公司、二手车经纪公司、二手车拍卖、二手车置换、二手车租赁业务等多种交易模式并存的格局。近年来，二手车品牌专卖、大型超市、连锁经营等经营模式先后在市场上出现，并发展了二手车电子商务创新交易模式。但这些外部条件的变化并没有改变我国二手车市场长期以来形成的以有形交易市场为主体的流通特征。

2）二手车经营主体多元化发展

自2005年10月国家发布《二手车流通管理办法》，放开二手车经营权、降低二手车经营门槛以来，二手车拍卖公司、二手车连锁机构、汽车厂商等诸多经营主体纷纷加快扩张步伐，并开始陆续有新的企业进入二手车领域，二手车市场开始向多元化、规范化发展的道路迈进。

①新车供应商、经销商参与二手车经营

新车供应商、经销商取得二手车经营权后纷纷开展了汽车置换和二手车经营业务，并且在注重品牌效应、连锁经营、售后服务等更高层面上开始了规模化运营的尝试。上海通用、上海大众、一汽大众、广州本田等汽车生产商已经在全国开展了二手车置换业务。如上海通用推出"诚新二手车"品牌，依据其全国4S店销售网络开展由汽车生产企业主导的品牌二手车置换业务，以二手车品质与质量担保为其经营特色，主打的是诚信和放心的理念。汽车生产商及新车经销商介入二手车市场，带来了规模化、专业化的服务保障体系，在行业中树立起二手车经营的品牌理念和诚信机制。

②国际二手车企业参与二手车经营

《二手车流通管理办法》允许外资进入我国二手车流通领域后，美国、日本等国家的一些世界知名企业积极进入我国二手车市场。如成立于1945年的美瀚（Manheim）公司，是全球历史最久、规模最大、销量最高的二手车批发拍卖公司，已经进军中国二手车市场。美瀚公司先后在上海、深圳、北京成立合资企业，并将美瀚亚洲区总部从泰国移到中国，就是因为中国二手车市场发展迅速。

③汽车维修企业参与二手车经营

新的《二手车流通管理办法》中对二手车经销企业降低了准入门槛，经营权的放开使得全国二级以上资质的维修企业中一半以上具备申办二手车经销企业的条件，这些维修企业具有熟悉汽车技术性能和维修技术等天然优势。同时，这类企业只要卖出一辆二手车就等于增加一个客户，二手车的经营利润可以不计，仅售后服务利润就可以成为维修企业的滚滚财源。维修企业还可以提供便捷性的服务和相对低廉的价格。

以上说明在我国一个以二手车交易市场、二手车经纪公司为传统力量，二手车经销、二手车拍卖等众多新兴主体参与的多元化二手车经营格局已经形成，实现了二手车经营主体由原来的单一模式向多元化经营模式的转变。

3）新车市场与二手车市场联动效应更加明显

新车市场和二手车市场存在着联动的关系，新车市场的表现直接影响二手车市场的走势。新车销售量持续增长使社会汽车保有量逐年增加，为二手车市场成长提供了丰富的车源，同时也影响和改变着二手车流通市场的走势。

4）二手车经营内涵由单一销售向注重售后服务转变

随着经营规模的扩大和市场竞争的加剧，苦练内功、拓宽经营思路、增加服务内容与功能成为众多二手车经营机构的共同取向。

部分二手车交易市场转变经营机制，拓宽服务领域，延伸服务产业链，变原有交易过户的单一功能为维修—美容—交易—质量担保等多环节的一条龙式服务模式，既为消费者创造了更加周到的服务，又为企业找到了新的利润增长点。以北京、上海、天津等二手车交易市场为代表的大批二手车流通企业，不断探索，勇于创新，走出了一条以二手车交易服务为主线，以置换、拍卖、鉴定评估、美容、维修等多种经营服务模式并存的发展之路。

在营销方法与手段上，二手车流通企业不断推陈出新，二手车交易引入二手车网上拍卖系统，通过开展网上交易，定期或不定期举办现场拍卖会，开展质量跟踪服务等进一步扩大了原有二手车经营业务的涵盖范围，为二手车交易市场在新的市场形势下实现可持续发展提供了新的思路和支点。在进一步完善二手车售后服务功能方面，北京二手车交易市场开辟了"竞价寄卖"交易模式,缩短了办理机动车辆登记时间;上海二手车交易市场在完善市场管理功能的基础上,努力建立售前、售中、售后等服务,推出"二手车售后服务标准""信誉保证金"等一系列售后服务措施。

5)消费环境的改善和服务体系的健全助推二手车市场发展

近些年来我国二手车市场在消费环境与服务体系建设方面发生了很多积极的变化。这些变化既体现在政府加强二手车交易市场服务功能的升级改造政策的准备以及逐步细化上,也表现在众多二手车经营主体主动强化基础功能设施建设的具体行动上,同时还表现在通过竞价、拍卖等市场模式提高市场透明度和公信力的努力上。此外,借鉴国际成熟模式,采用品牌经营、连锁化经营和电商平台的经营活动开始活跃。一系列变化都在改善消费环境和完善服务体系方面发挥了积极的作用,为二手车市场发展高潮的到来创造了条件。

在二手车市场,相关管理部门正在研究完善二手车发展政策,鼓励二手车流通。同时,积极研究、支持和培育二手车流通市场的政策、措施,鼓励品牌汽车生产商和品牌汽车经销商开展二手车经营和汽车置换服务,形成以品牌生产商为龙头、品牌经销商为基础的二手车营销网络。另外,针对当前二手车经销企业增值税税收负担过重的问题深入开展调查研究,推动、完善品牌二手车经营主体的税收政策。

我国二手车发展
历史及现状

(3)我国二手车市场管理法律法规

我国涉及二手车市场的法律法规众多,《中华人民共和国民法典》《二手车交易规范》《国有资产评估管理办法》等。从业人员应详细了解相关法律法规的规定,从而规范操作。众多法律法规中最重要、最根本的是《机动车强制报废标准规定》和《二手车流通管理办法》,其重要程度怎么强调都不为过。

1)机动车强制报废标准规定

《机动车强制报废标准规定》于 2013 年 1 月 14 日由商务部发布,即商务部、发改委、公安部、环境保护部令 2012 年第 12 号,自 2013 年 5 月 1 日起施行。其主要内容摘录如下:

第四条　已注册机动车有下列情形之一的应当强制报废,其所有人应当将机动车交售给报废机动车回收拆解企业,由报废机动车回收拆解企业按规定进行登记、拆解、销毁等处理,并将报废机动车登记证书、号牌、行驶证交公安机关交通管理部门注销:

①达到本规定第五条规定使用年限的;

②经修理和调整仍不符合机动车安全技术国家标准对在用车有关要求的;

③经修理和调整或者采用控制技术后,向大气排放污染物或者噪声仍不符合国家标准对在用车有关要求的;

④在检验有效期届满后连续 3 个机动车检验周期内未取得机动车检验合格标志的。

第五条　各类机动车使用年限分别如下:

①小、微型出租客运汽车使用 8 年,中型出租客运汽车使用 10 年,大型出租客运汽车使用 12 年;

②租赁载客汽车使用 15 年;

③小型教练载客汽车使用 10 年,中型教练载客汽车使用 12 年,大型教练载客汽车使用 15 年;

④公交客运汽车使用 13 年;

⑤小、微型营运载客汽车使用 10 年,大、中型营运载客汽车使用 15 年;

⑥专用校车使用 15 年;

⑦大、中型非营运载客汽车(大型轿车除外)使用 20 年;

⑧三轮汽车、装用单缸发动机的低速货车使用 9 年,装用多缸发动机的低速货车以及微型载货汽车使用 12 年,危险品运输载货汽车使用 10 年,其他载货汽车(包括半挂牵引车和全挂牵引车)使用 15 年;

⑨有载货功能的专项作业车使用 15 年,无载货功能的专项作业车使用 30 年;

⑩全挂车、危险品运输半挂车使用 10 年,集装箱半挂车 20 年,其他半挂车使用 15 年。

对小、微型出租客运汽车(纯电动汽车除外),省、自治区、直辖市人民政府有关部门可结合本地实际情况,制定严于上述使用年限的规定,但不得低于 6 年。

小、微型非营运载客汽车、大型非营运轿车、轮式专用机械车无使用年限限制。

机动车使用年限起始日期按照注册登记日期计算,但自出厂之日起超过 2 年未办理注册登记手续的,按照出厂日期计算。

第六条 变更使用性质(使用性质由营运转为非营运或者由非营运转为营运,小、微型出租、租赁、教练等不同类型的营运载客汽车之间的相互转换,以及危险品运输载货汽车转为其他载货汽车)或者转移登记的机动车应当按照下列有关要求确定使用年限和报废:

①营运载客汽车与非营运载客汽车相互转换的,按照营运载客汽车的规定报废,但小、微型非营运载客汽车和大型非营运轿车转为营运载客汽车的,应按照以下公式核算累计使用年限,且不得超过 15 年:

$$累计使用年限 = 原状态已使用年 + \left(1 - \frac{原状态已使用年}{原状态使用年限}\right) \times 状态改变后年限$$

式中,原状态已使用年不足一年的按一年计算;原状态使用年限数值取定值为 17;累计使用年限结果向下圆整为整数,且不超过 15 年。

②不同类型的营运载客汽车相互转换,按照使用年限较严的规定报废;

③小、微型出租客运汽车和摩托车需要转出登记所属地省、自治区、直辖市范围的,按照使用年限较严的规定报废;

④危险品运输载货汽车、半挂车与其他载货汽车、半挂车相互转换的,按照危险品运输载货车、半挂车的规定报废。

距本规定要求使用年限 1 年以内(含 1 年)的机动车,不得变更使用性质、转移所有权或者转出登记地所属地市级行政区域。

第七条 国家对达到一定行驶里程的机动车引导报废。

达到下列行驶里程的机动车,其所有人可以将机动车交售给报废机动车回收拆解企业,由报废机动车回收拆解企业按规定进行登记、拆解、销毁等处理,并将报废的机动车登记证书、号牌、行驶证交公安机关交通管理部门注销：

①小、微型出租客运汽车行驶60万千米，中型出租客运汽车行驶50万千米，大型出租客运汽车行驶60万千米；

②租赁载客汽车行驶60万千米；

③小型和中型教练载客汽车行驶50万千米，大型教练载客汽车行驶60万千米；

④公交客运汽车行驶40万千米；

⑤其他小、微型营运载客汽车行驶60万千米，中型营运载客汽车行驶50万千米，大型营运载客汽车行驶80万千米；

⑥专用校车行驶40万千米；

⑦小、微型非营运载客汽车和大型非营运轿车行驶60万千米，中型非营运载客汽车行驶50万千米，大型非营运载客汽车行驶60万千米；

⑧微型载货汽车行驶50万千米，中、轻型载货汽车行驶60万千米，重型载货汽车（包括半挂牵引车和全挂牵引车）行驶70万千米，危险品运输载货汽车行驶40万千米，装用多缸发动机的低速货车行驶30万千米；

⑨专项作业车、轮式专用机械车行驶50万千米。

第九条　省、自治区、直辖市人民政府有关部门依据本规定第五条制定的小、微型出租客运汽车或者摩托车使用年限标准，应当及时向社会公布，并报国务院商务、公安、环境保护等部门备案。

思政小窗口

强制报废——遵守法规的重要性

汽车已经到了报废期而没有报废的，会影响驾驶证换证或者年审。

具体来说，依据《中华人民共和国道路交通安全法》，"驾驶拼装的机动车或者已达到报废标准的机动车上道路行驶的，公安机关交通管理部门应当予以收缴，强制报废"，且费用全部自付。而"对驾驶前款所列机动车上道路行驶的驾驶人，处二百元以上二千元以下罚款，并吊销机动车驾驶证"，此外，根据《机动车驾驶证申领和使用规定》，吊销机动车驾驶证未满二年的、不得申请机动车驾驶证。

可见，不按规定报废车辆，不仅在车辆行驶过程中存在安全隐患，也会给车主的用车生活带来巨大的麻烦。

2）二手车流通管理办法

《二手车流通管理办法》已经2004年12月18日商务部第18次部务会议审议通过，并经公安部、工商总局、税务总局同意，自2005年10月1日起施行，且于2017年修正。其主要内容摘录如下：

第四条　二手车经营主体是指经工商行政管理部门依法登记，从事二手车经销、拍卖、经纪、鉴定评估的企业。

第六条 二手车直接交易是指二手车所有人不通过经销企业、拍卖企业和经纪机构将车辆直接出售给买方的交易行为。二手车直接交易应当在二手车交易市场进行。

第八条 二手车交易市场经营者、二手车经销企业和经纪机构应当具备企业法人条件，并依法到工商行政管理部门办理登记。

第九条 设立二手车拍卖企业(含外商投资二手车拍卖企业)应当符合《中华人民共和国拍卖法》和《拍卖管理办法》有关规定,并按《拍卖管理办法》规定的程序办理。

第二十一条 二手车经销企业销售、拍卖企业拍卖二手车时,应当按规定向买方开具税务机关监制的统一发票。

进行二手车直接交易和通过二手车经纪机构进行二手车交易的,应当由二手车交易市场经营者按规定向买方开具税务机关监制的统一发票。

第二十二条 二手车交易完成后,现车辆所有人应当凭税务机关监制的统一发票,按法律、法规有关规定办理转移登记手续。

我国二手车市场
管理法律法规

回答下列问题

判断下列说法的正误,请在正确答案后面的"□"打上"√"。

(1)下列情况,属于"二手车"的有:

a. 4S 店处理的一年前生产的库存车 □

b. 张先生跟朋友长期借用的科鲁兹 □

c. 小王从父亲处继承到的宝来 □

d. 汽车回收企业从物业公司购买得来的通勤车 □

e. 拍卖公司拍卖的海关没收的走私车 □

f. 拍卖公司拍卖的法院查封的破产车 □

(2)不正当的维修不是自然造成的,因此是无形损耗。

正确 □　　　错误 □

(3)二手车鉴定评估的一项重要作用即是确定报废车辆的残余价值。

正确 □　　　错误 □

(4)车辆拍卖由拍卖公司主导,不需要进行二手车鉴定评估。

正确 □　　　错误 □

(5)二手车鉴定评估的可行性原则是指评估结果应该是可行的、被委托方接受的,也就是说我们应该根据委托方的期望值来评估车辆价格。

正确 □　　　错误 □

(6)张先生已使用 4 年零 3 个月的羚羊欲出售给某出租车公司,则该车的累计使用年限为

a. 8 年 □　　b. 10 年 □　　c. 12 年 □　　d. 15 年 □

（7）张先生欲购买某出租车公司已使用4年零3个月的羚羊作为家庭用车,则该车的累计使用年限为

  a. 8 年 □ b. 10 年 □ c. 12 年 □ d. 15 年 □

（8）下列情形需要进行强制报废的有：

  a. 王先生使用了18年的奥拓家轿 □

  b. 出租车公司使用了60万千米用来接送员工的宇通客车 □

  c. 出了车祸,修复费用昂贵的家轿 □

  d. 底盘严重损坏不符合机动车安全技术条件的吉普车 □

完成下列任务

阅读分析第9页的情景措述,回答下列问题。

  1）根据自己的理解,判断该车是否"二手车"？

_____

  2）请尽可能多地收集该车资料,并填写在下列任务单—《车辆信息》中。

任务单一 车辆信息

车型配置信息：

厂商		上市时间	
厂商指导价		经销商参考价	
能源类型		环保标准	
油耗		整车质保	
长×宽×高		车身结构	
发动机		发动机特有技术	
变速器		驱动方式	
底盘转向配置			
车轮制动配置			
主动安全装备			
被动安全装备			
辅助操控配置			
外部配置			
内部配置			
座椅配置			
多媒体配置			
灯光配置			
玻璃/后视镜			
空调/冰箱			
智能硬件			
特色配置			

实车改装信息：

_____

_____

_____

任务 1.2　二手车评估业务接洽

学习目的

（1）能够进行前期洽谈工作；

（2）能够制作和签订二手车鉴定评估委托书；

（3）能够制订合理的作业方案。

学习信息

1.2.1　二手车鉴定评估业务前期洽谈

业务洽谈是承接评估业务的第一步。洽谈的主要内容有车主基本情况、车辆情况、委托评估的意向和时间要求等。通过业务洽谈，应初步了解以下情况：

（1）车主情况

车主，即二手车所有人，指拥有车辆所有权的单位或个人。了解车主是否拥有车辆处置权，委托者是否车主，车主/委托者联系方式等单位/个人信息。

（2）评估目的

评估目的是评估所服务的经济行为的具体类型，以此选择计价标准和评估方法。一般来说，委托二手车交易市场评估的大多数是交易类业务，车主要求评估价格的目的大多是作为买卖双方成交的参考价。

（3）评估对象

评估对象即了解车辆的基本情况：车辆的使用性质，型号、配置、生产厂家及出厂日期，初次注册登记日期、行驶里程，车籍，来历，手续是否齐全，是否年检，车辆户籍所在地等。不仅要了解评估对象本身，还应了解评估对象相关的拓展知识，如该款新车的市场售价、市场保有量、生产厂家信誉、本地市场该车型的现实价格等。

对上述基本情况了解清楚以后，就可以做出是否接受委托的决定。如果接受委托，就要签订二手车鉴定评估委托书。

接待委托客户

1.2.2　二手车鉴定评估委托书

二手车鉴定评估委托书是受托方与委托方对各自权利责任和义务的协定,是一项经济合同性质的契约。

二手车鉴定评估委托书示范文本见表1.1。

表1.1　二手车鉴定评估委托书

委托书编号:＿＿＿＿＿＿＿＿＿＿＿

＿＿＿＿＿＿＿＿＿＿二手车鉴定评估机构:

因□交易□转籍□拍卖□置换□抵押□担保□咨询□司法裁决□其他＿＿＿＿＿＿需要,特委托你单位对车辆(号牌＿＿＿＿＿＿ 车辆类型＿＿＿＿＿＿ 发动机号＿＿＿＿＿＿ 车架号＿＿＿＿＿＿＿＿)进行技术状况鉴定并于＿＿＿＿年＿＿月＿＿日出具评估报告书。

附:委托评估车辆基本信息

车　主			身份证号/法人代码证书			联系电话	
住　址						邮政编码	
经办人			身份证号码			联系电话	
住　址						邮政编码	
车辆情况	厂牌型号					使用用途	
	载重/座位/排量					燃料种类	
	初次登记日期		年　　月　　日			车身颜色	
	已使用年限		年　　月	累计行驶里程(万千米)			
	大修次数	发动机(次)			整车(次)		
	维修情况						
	事故情况						
价值反映	购置日期		年　　月　　日	购置价格(元)			
	车主报价(元)						
备注:							

填表说明:

(1)若被评估车辆曾经作为营运车辆,需在备注栏中说明;

(2)委托方必须对车辆信息的真实性负责,不得隐瞒任何情节。凡由此引起的法律责任及赔偿责任由委托方负责;

(3)本委托书一式两份,委托方、受托方各一份。

委托方:(签字、盖章)　　　　　　　　　　　　经办人:(签字、盖章)

　　年　　月　　日　　　　　　　　　　　　　　　年　　月　　日

思政小窗口

> **契约精神——商品经济社会的诚实守信**
>
> 在美国纽约哈德逊河畔，离美国第18届总统格兰特陵墓不到100米处，有一座孩子的坟墓。在墓旁的一块木牌上，记载着这样一个故事：
>
> 1797年7月15日，一个年仅5岁的孩子不幸坠崖身亡，孩子的父母悲痛欲绝，便在坠崖处给孩子修建了一座坟墓。后因家道衰落，这位父亲不得不转让这片土地，他对新主人提出了一个特殊要求：把孩子坟墓作为土地的一部分永远保留。新主人同意了这个条件，并把它写进了契约。100年过去，这片土地辗转卖了许多家，但孩子的坟墓仍然留在那里。1897年，这块土地被选为总统格兰特将军的陵园，而孩子的坟墓依然被完整地保留了下来，成了格兰特陵墓的邻居。又一个100年过去了，1997年7月，格兰特将军陵墓建成100周年时，当时的纽约市长来到这里，在缅怀格兰特将军的同时，重新修整了孩子的坟墓，并亲自撰写了孩子墓地的故事，让它世世代代流传下去。
>
> 那份延续了200年的契约揭示了一个简单的道理：承诺了，就一定要做到。
>
> 这种契约精神在我国民间很早以前就存在，比如有的人要卖地卖房了，与买方签订一个买卖契约，并找若干个中间人做保、见证。签约完毕，买卖双方都会很负责地履行契约。
>
> 由此可见，契约精神是人类对社会的认知，也是我国法治建设的重要内容。

二手车鉴定评估委托书必须符合国家法律、法规和资产评估业的管理规定。涉及国有资产占有单位要求申请立项的二手车鉴定评估业务，应由委托方提供国有资产管理部门关于评估立项申请的批复文件，核实后方能接受委托、签订委托书。

二手车鉴定评估委托书的签订，标志着评估业务正式立案。立案后的第一件事，就是制订计划，即评估方案的设置。

签到评估委托书

1.2.3　制订评估方案

制订评估方案是二手车鉴定评估机构根据二手车鉴定评估委托书的要求而制订的规划和安排。主要内容包括评估目的，评估对象和范围，评估基准日，安排具有鉴定评估资格的评估人员及协助评估人员工作的其他人员，现场工作计划，评估具体工作和时间安排、拟采用的评估方法及其具体步骤等。不同的二手车评估机构所使用的二手车鉴定评估作业方案形式有所不同，但基本内容大同小异，作业方案格式见表1.2。

表1.2 二手车鉴定评估作业方案

一、委托方与车辆所有方简介

委托方_____

委托方联系人_____,联系电话_____

二、评估目的

根据委托方的要求,本项目评估目的(在□处填√):

□交易 □转籍 □拍卖 □置换 □抵押 □担保 □咨询 □司法裁决 □其他_____

三、评估对象

评估车辆厂牌型号:_____;号牌号码:_____。

四、鉴定评估基准日

鉴定评估基准日:_____年____月____日。

五、拟订评估方法(在□处填√):

□重置成本法 □现行市价法 □收益现值法 □清算价格法 □其他_____

六、拟订评估人员

负责评估师:_____

协助评估人员:_____

七、现场工作计划

负责评估师组织相关人员,于_____年____月____日____时前,参照各项工作的参考时间,完成下列工作。

(1)证件核对:20分钟。

(2)鉴定二手车现时技术状况。静态与动态检查:30分钟;仪器设备检查:送_____检2小时。

(3)车辆拍照:10分钟。

(4)鉴定估算:2小时。

(5)撰写评估报告:2小时。

八、评估作业程序

按照接受委托、验证、现场查勘、评定估算和提交报告的程序进行。

九、拟订提交评估报告时间

_____年____月____日

完成下列任务

　　阅读第9页情景描述,结合任务单一你收集到的车辆详细信息,完成下列任务单二《二手车鉴定评估委托书》和任务单三《二手车鉴定评估作业方案》。

任务单二 二手车鉴定评估委托书

委托书编号：＿＿＿＿＿＿＿＿＿＿＿＿

＿＿＿＿＿＿＿＿＿＿二手车鉴定评估机构：

因□交易□转籍□拍卖□置换□抵押□担保□咨询□司法裁决□其他＿＿＿＿＿＿需要，特委托你单位对车辆(号牌＿＿＿＿＿＿车辆类型＿＿＿＿＿发动机号＿＿＿＿＿＿＿车架号＿＿＿＿＿＿

＿＿＿＿＿＿＿)进行技术状况鉴定并于＿＿＿年＿＿月＿＿日出具评估报告书。

附：委托评估车辆基本信息

车 主		身份证号/法人代码证书			联系电话	
住 址					邮政编码	
经办人		身份证号码			联系电话	
住 址					邮政编码	
车辆情况	厂牌型号				使用用途	
	载重/座位/排量				燃料种类	
	初次登记日期		年 月 日		车身颜色	
	已使用年限	年 月		累计行驶里程(万千米)		
	大修次数	发动机(次)			整车(次)	
	维修情况					
	事故情况					
价值反映	购置日期		年 月 日	购置价格(元)		
	车主报价(元)					
备注：						

填表说明：

(1)若被评估车辆曾经作为营运车辆，需在备注栏中说明；

(2)委托方必须对车辆信息的真实性负责，不得隐瞒任何情节。凡由此引起的法律责任及赔偿责任由委托方负责；

(3)本委托书一式两份，委托方、受托方各一份。

委托方：(签字、盖章) 经办人：(签字、盖章)

年 月 日 年 月 日

任务单三　二手车鉴定评估作业方案

一、委托方与车辆所有方简介

委托方＿＿＿＿＿＿＿＿＿＿

委托方联系人＿＿＿＿＿＿＿＿＿＿，联系电话＿＿＿＿＿＿＿＿＿＿＿＿＿＿＿

二、评估目的

根据委托方的要求，本项目评估目的（在□处填√）：

□交易　□转籍　□拍卖　□置换　□抵押　□担保　□咨询　□司法裁决　□其他＿＿＿＿

三、评估对象

评估车辆厂牌型号：＿＿＿＿＿＿＿＿＿＿；号牌号码：＿＿＿＿＿＿＿＿＿＿。

四、鉴定评估基准日

鉴定评估基准日：＿＿＿＿＿＿年＿＿月＿＿日。

五、拟订评估方法（在□处填√）：

□重置成本法　□现行市价法　□收益现值法　□清算价格法　□其他＿＿＿＿＿＿＿＿

六、拟订评估人员

负责评估师：＿＿＿＿＿＿＿＿＿＿

协助评估人员：＿＿＿＿＿＿＿＿＿＿

七、现场工作计划

负责评估师组织相关人员，于＿＿＿＿＿＿年＿＿月＿＿日＿＿＿时前，参照各项工作的参考时间，完成下列工作。

（1）证件核对：20分钟。

（2）鉴定二手车现时技术状况。静态与动态检查：30分钟；仪器设备检查：送＿＿＿＿＿＿检2小时。

（3）车辆拍照：10分钟。

（4）鉴定估算：2小时。

（5）撰写评估报告：2小时。

八、评估作业程序

按照接受委托、验证、现场查勘、评定估算和提交报告的程序进行。

九、拟订提交评估报告时间

＿＿＿＿＿＿年＿＿月＿＿日

任务 1.3 核对证件

学习目的

（1）能够判断购车凭证的有效性；
（2）能够判断车辆税险凭证的有效性。

学习信息

核对证件是检验被评估车辆的证件资料是否齐全、合法，包括法定证件和税费两大类。

1.3.1 法定证件

法定证件主要有证明车主身份和住址的居民身份证，以及跟机动车相关的机动车来历证明、机动车行驶证、机动车登记证、机动车号牌、机动车安全技术检验合格标志等。

（1）机动车来历证明

机动车来历证明是证明二手车来源的合法证明，从中不仅可以看出车辆的合法性，还能看到车辆的购置日期和原始价值，是二手车鉴定评估的参数之一。机动车来历证明主要包括以下几个方面：

①国内购车凭证。它分为新车来历证明和二手车来历证明，前者是指经国家工商行政管理机关验证的机动车销售统一发票（图1.3），后者是指经国家工商行政管理机关验证的二手车销售统一发票（图1.4）。

对其真伪存有疑义的发票，可登录所在省份的国家税务局网站，提供发票代码和发票号码，查看发票流向、发票领购时间等信息是否与所持发票相符。如果需要进一步查验真伪，可以联系销货方所属主管税务机关进行查询鉴定。

②国外购车凭证。汽车销售单位开具的销售发票及其翻译文本。

③人民法院调解、裁定或判决转移的机动车，其来历凭证是法院出具的已生效的《调解书》《裁定书》或《判决书》，及其相应的《协助执行通知书》。

④继承、赠予、中奖和协议抵偿债务的机动车，其来历凭证是相关文书和公证机关出具的《公证书》。

⑤更换发动机、车身、车架的来历凭证，是销售或维修单位开具的发票。

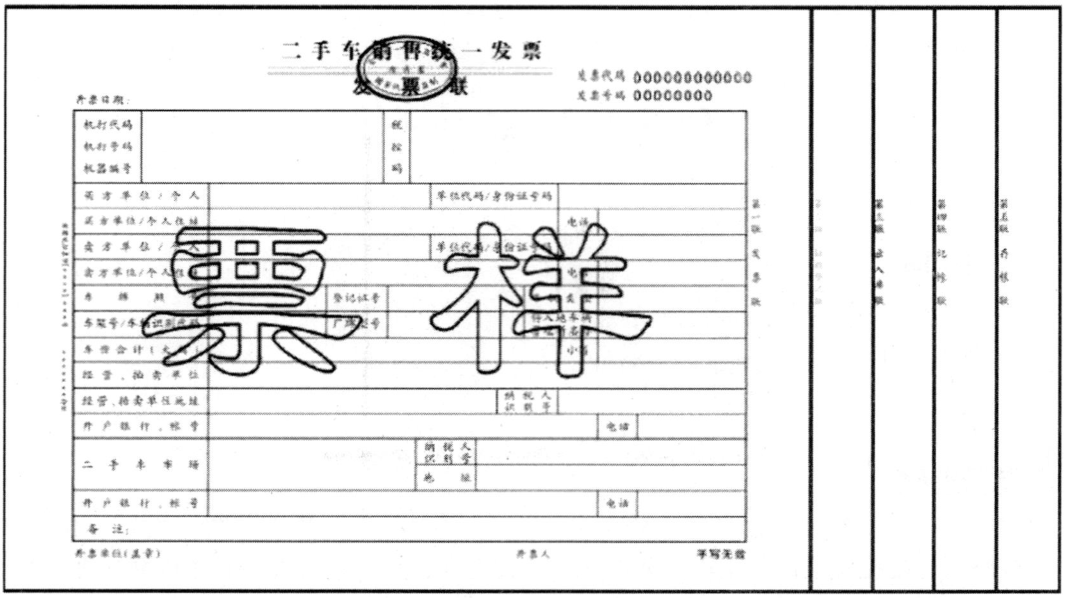

成品尺寸：241 mm × 177.8 mm

图1.3　机动车销售统一发票

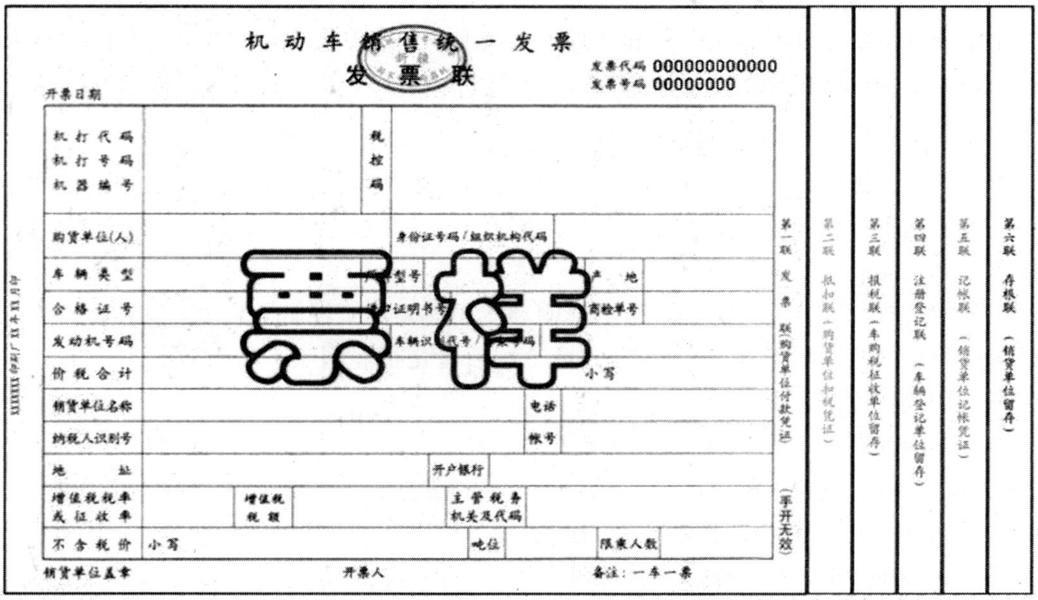

成品尺寸：241 mm × 177.8 mm

图1.4　二手车销售统一发票

（2）机动车行驶证

《机动车行驶证》是公安车辆管理机关依法对车辆进行注册登记核发的证件，是机动车取得合法行驶权的凭证，由证芯、塑封套和证件夹组成，如图1.5所示。行驶证上标注有机动车的号牌、车辆识别码、发动机号、车身颜色等重要信息，通过检查这些信息是否有改动痕迹、是否与实车相一致,可以初步判断二手车的合法性。除了要认真核对正页上的信息外,还要认真检查副页内容,因为副页注明了车辆的检验有效日期,而安全检验不合格的车辆不能进行交易或者上路行驶。

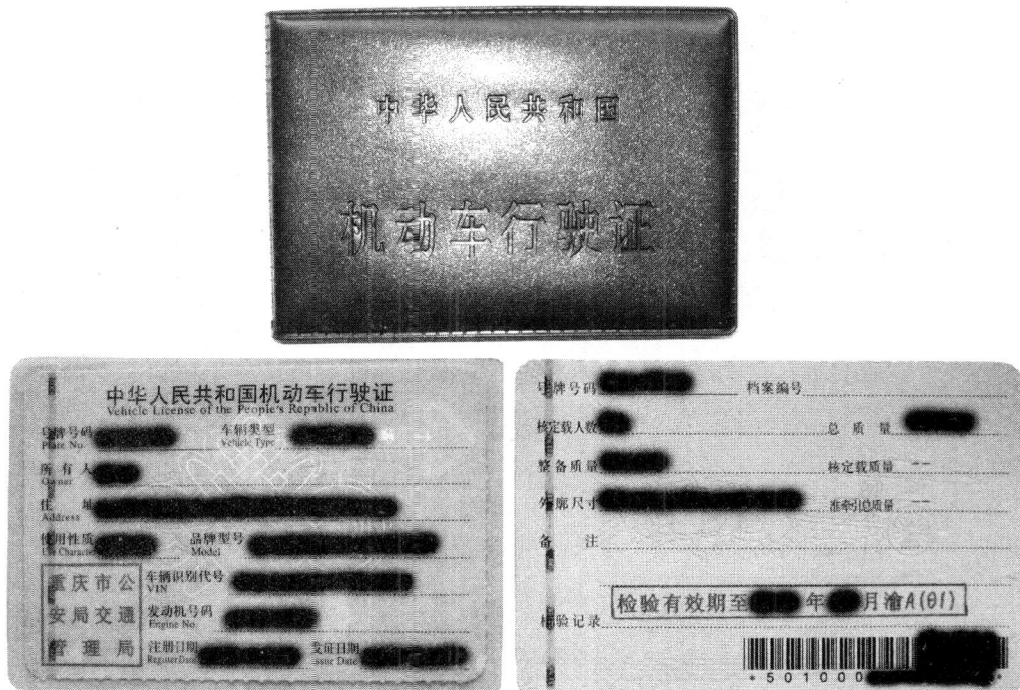

图 1.5　机动车行驶证

2008 年 10 月 1 日以后颁发的行驶证综合使用了近 30 项防伪技术,其中重点的直观视觉查验技术包括证芯材料采用非标准克重的专用安全纸张,嵌入荧光纤维和开窗式彩色金属线;证芯增加一维条码表示的序列号,加强对行驶证生产、核发和使用的溯源管理;证芯底纹采用专业防伪印刷,四角清楚可辨,并采用特殊暗记;印章采用红色荧光防伪墨印刷,颜色统一,能从各个角度清楚显现;证芯除印刷字体外,其余字体均为针式打印机打印,有明显针眼,且所用字体是只有公安部定制的打印机和车管所软件字库配合使用才能打出来的专利防伪字体;采用统一专用防伪塑封套,封套采用全息透镜技术,其上有用紫光灯可识别的不规则的与证芯上图形相同的暗记。

(3)机动车登记证书

《机动车登记证书》(图 1.6)是公安车辆管理机关核发的机动车"户口本",也是车辆的所有权证明。登记证上详细记载了机动车信息和所有人资料及所有权变更记录,是机动车从"生"到"死"的完整记录,也是二手车鉴定评估人员必须认真查验的手续,其检验内容包括核对机动车所有人是否曾为出租公司或租赁公司;核对进口车是海关进口或海关罚没;核对使用性质是非营运、营运、租赁或营转非;核对是否注明该车已作抵押;核对登记证书持有人与委托人是否一致等。

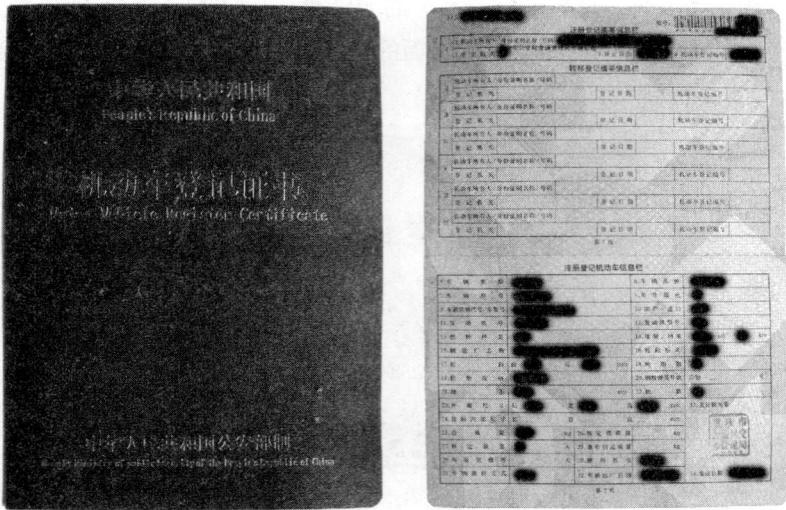

图 1.6　机动车登记证书

登记证书有正副两个版本，信息一致，正本存放在车管所，车主手中持有的是副本，因此，如果对其真伪存有疑义，可以持该登记证书到车辆注册登记的车管所查询。

车辆上户证明

（4）机动车号牌

机动车号牌（图 1.7）是公安车辆管理机关对机动车进行注册登记核发的号牌，它与行驶证一同核发、号码一致，是机动车取得合法行驶权的标志。《中华人民共和国道路交通安全法》规定，机动车号牌应当按照规定悬挂并保持清晰、完整，不得故意遮挡、污损。在我国，部分城市限制机动车上牌，因而有号牌炒作现象，出现了价额相当可观的号牌。针对这种现象，二手车鉴定评估人员一定要分清评估车辆是否带牌交易。

图 1.7　机动车号牌

我国现行的号牌样式普遍是九二式号牌，其材质要求大型车后号牌和挂车号牌使用厚度为 1.2 mm 以上的铝材或钢材，其他车辆采用厚度为 1.0 mm 以上的铝材；假牌大多采用铁板、塑料或者劣质铝板制成，一般颜色不均匀，仔细观察号牌背面材质便能判断。正规的号牌冲制质量高,四角弧度一致,线条衔接流畅,边缘光滑且边框线与铝板边缘平行;假牌往往四角有凸角,四边为锋口,手摸有剌痛感,且字体模糊。此外,正规号牌均采用反光膜,假牌则通常采用油漆,两者在光泽度上有明显不同。

思政小窗口

新能源汽车号牌——绿色环保的标签

与传统燃料汽车号牌相似,新能源汽车号牌也分为小型新能源汽车号牌和大型新能源汽车号牌。中小型新能源汽车号牌为渐变绿色,大型新能源汽车号牌为黄绿双拼色,其绿色主色调体现了"绿色环保"的寓意。

与普通汽车号牌相比,新能源汽车号牌号码由5位升为6位,号牌号码容量增大、资源更加丰富,编码规则更加科学合理。同时,新能源汽车号牌实行分段管理,字母"D""A""B""C""E"代表纯电动汽车,字母"F""G""H""J""K"代表非纯电动汽车(包括插电式混合动力、燃料电池汽车等)。小型汽车号牌中代表车辆类型的字母位于号牌序号的第一位,大型汽车号牌中代表车辆类型的字母位于号牌序号的最后一位。

此外,新能源汽车号牌采用无污染的烫印制作方式,制作工艺绿色环保。同时,使用二维条码、防伪底纹暗记、激光图案等防伪技术,提高了防伪性能,彰显了新能源特色和技术创新。

(5)机动车安全技术检验合格标志

机动车必须定期进行安全技术检验。检验合格后,公安机关将为机动车发放检验合格标志(图1.8),并张贴在车辆前挡风玻璃右上角。无合格标志或标志已失效的机动车,均不能进行交易。车辆是否在检验合格有效期内可以在公安交警网进行查询。

图1.8　机动车安全技术检验合格标志

(6)其他证件

除了检查和核实上述法定证件,某些特殊车辆还需要出示其他证件,例如,从事旅客运输、货物运输的车辆还应具备道路运输证,营运车辆还应具有营运证,政府行政车辆还应出具定编证,广东、福建、海南等经济特区进口并需运往外省的进口汽车必须办理准运证。

1.3.2　税险凭证

(1)车辆购置税

车辆购置税是国家向购置车辆的单位和个人以纳税形式征收的一项费用,其征收标准是按车辆计税价格的10%、由车辆注册登记地的税务机关一次性征收。购置税缴纳后,税务机关会开具《车辆购置税完税证明》(图1.9),作为税讫及办理注册登记的凭证。

检查时,重点核对完税证明上的纳税人姓名、厂牌型号、发动机号、车架号是否与被评估车辆的机动车行驶证或机动车登记证书记录一致;核对完税证明上是否盖有车辆购置税征税专用章,是盖在征税栏还是免税栏。

车辆购置税的减免规定如下:

①外国驻华使馆、领事馆和国际组织驻华机构及其外交人员自用的车辆,免税。

②中国人民解放军和中国人民武装警察部队列入军队武器装备订货计划的车辆,免税。

③设有固定装置的非运输车辆,免税。

④留学人员(含香港、澳门地区)回国服务的,购买1辆国产小汽车,免税。

⑤来华定居专家进口自用的1辆小汽车,免税。

⑥防汛和森林消防部门购置的由指定厂家生产的指定型号的用于指挥、检查、调度、防汛(警)、联络的专用车辆(以下简称防汛专用车和森林消防专用车),免税。

⑦农用三轮车免税。

⑧有国务院规定予以免税或者减税的其他情形,按照规定免税或者减税。

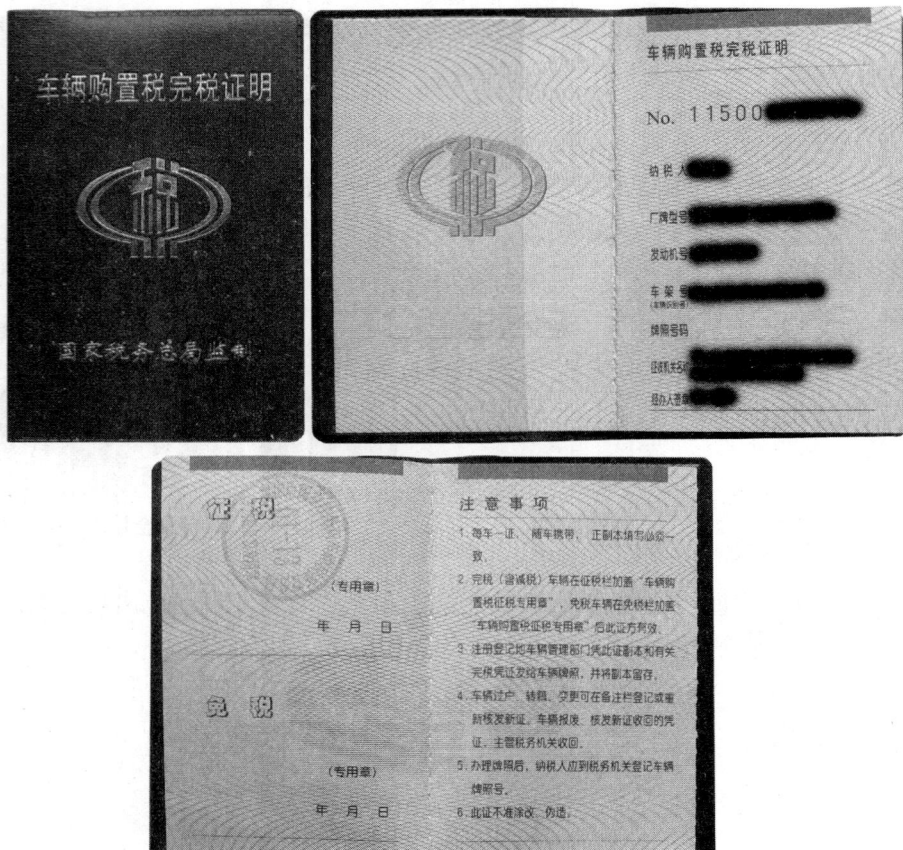

图1.9 车辆购置税完税证明

免税车辆作为二手车交易时，必须补交车辆购置税。

除了免征车辆购置税，国家还会根据汽车市场的变化需要适时调整购置税，以达到引导消费的目的。例如，从 2009 年 1 月 20 日至 12 月 31 日，1.6 L 及以下排量乘用车车辆购置税税率一度减至 5%。由此可见，二手车鉴定评估人员应随时把握国家及地方政策动态，及时更新知识。

（2）车船税

车船税是在机动车登记证书或行驶证核发当月进行申报缴纳的一种财产税，也可在投保交强险时缴纳，按年征收并实行定额税率（表 1.3）。交强险保单中的完税信息或地税机关开具的完税凭证均可作为税讫证明。已缴纳车船税的车辆在同一纳税年度内办理转让过户的，不另纳税，也不退税，随车辆自然转移。

税收证明

表 1.3 车船税税率

税 目		计税单位	年基准税额/元	备 注
乘用车	1.0 L（含）以下	每辆	60 ~ 360	核定载客人数 9 人（含）以下
	1.0 ~ 1.6 L（含）		300 ~ 540	
	1.6 ~ 2.0 L（含）		360 ~ 660	
	2.0 ~ 2.5 L（含）		660 ~ 1 200	
	2.5 ~ 3.0 L（含）		1 200 ~ 2 400	
	3.0 ~ 4.0 L（含）		2 400 ~ 3 600	
	4.0 L 以上		3 600 ~ 5 400	
客车	中型	每辆	500	核定载客人数 9 ~ 20 人
	大型		600	核定载客人数 20 人（含）以上
货车		整备质量每吨	50	

（3）机动车交通事故责任强制保险

机动车交通事故责任强制保险即交强险，是我国首个法定强制保险，即境内道路上行驶的机动车所有人或管理人都应当投保，否则公安机关交通管理部门有权扣留机动车并处以相应罚款。交强险保险范围包括道路交通事故中受害人（不包括本车人员和被保险人）的人身伤亡和财产损失。

交强险缴纳后，由保险公司出具强制保险标志（图 1.10），应贴于机动车前挡风玻璃右上角。在检查二手车相关手续时，应检查交强险保险标志和保单，未及时购买交强险的二手车会对新车主用车造成妨碍。交强险执行全国统一基础费率，见表 1.4。

图 1.10　机动车交强险标志

表 1.4　交强险基础费率

车辆大类	车辆小类	保费/元	车辆大类	车辆小类	保费/元
非营运客车	企业 6 座以下	1 000	家庭自用车	6 座以下	950
	企业 6～10 座	1 130		6 座及以上	1 100
非营运客车	企业 10～20 座	1 220	营运客车	出租租赁 6 座以下	1 800
	企业 20 座以上	1 320		出租租赁 6～10 座	2 360
	机关 6 座以下	950		出租租赁 10～20 座	2 400
	机关 6～10 座	1 070		出租租赁 20～36 座	2 560
	机关 10～20 座	1 140		出租租赁 36 座以上	3 530
	机关 20 座以上	1 320			
非营运货车	2 吨以下	1 200	营运货车	2 吨以下	1 850
	2～5 吨	1 470		2～5 吨	3 070
	5～10 吨	1 650		5～10 吨	3 450
	10 吨以上	2 220		10 吨以上	4 480

（4）商业保险

商业保险又分为基础险和附加险，其中，基础险包括车损险、第三者责任险和车上人员责任险，附加险包括划痕险、新增设备险、车上货物险等。由于商业保险的组合和购买实行自愿原则，不同车主为机动车投保的商业保险类型及保费均可不同，在进行二手车鉴定评估时，要注意原车主及新车主在车辆商业险投保意愿上的差别。此外，已购买且仍在有效期内的保险需到保险公司处变更投保人信息，保费应适当体现在车辆评估价格中。

（5）其他费用

对于从事客、货运的车辆，很多地方还征收客、货运附加费，但名称叫法不一。也有地方政府根据当地汽车消费市场规定缴纳地方性费用的情况。

1.3.3　车辆拍照

车辆拍照是鉴定评估人员根据车牌号或评估登记号,使用数码相机拍摄被评估车辆照片并存入档案系统。

（1）拍摄距离

一般要求全车影像尽量充满整个象面。

（2）光照方向

二手车拍照应尽量采用正面光拍照,即相机朝向与光线投射方向相同,这样可以使车辆轮廓分明、牌照号码清晰、车身颜色真实。

照相技巧

（3）拍摄要求

①车身清洗干净;

②前挡风玻璃及仪表盘上无杂物;

③号牌无遮挡;

④关闭各车门;

⑤方向盘回正,前轮处于直线行驶状态。

车辆拍照

（4）拍摄角度

二手车拍照一般要拍摄前面、侧面、后面3个方向的整体外形以及发动机舱、驾驶室、后备箱等局部位置。

①整体外形照:采用平拍,即相机镜头水平放置进行拍摄。其中,前面照在车辆左前侧45°方向拍摄（图1.11）,后面照在车辆右后侧45°方向拍摄（图1.12）,侧面照在正侧面拍摄（图1.13）。

②局部位置照:采用俯拍,即在比被拍摄车辆高的位置向下拍摄（图1.14）。

图1.11　机动车正面照　　　　　　　　图1.12　机动车后面照

图 1.13　机动车侧面照

图 1.14　机动车局部照

回答下列问题

判断下面的说法,请在成立的答案后面的"□"打上"√"。

(1)王先生于 2018 年购得福克斯一台,2020 年卖给张先生。2021 年,李先生欲跟张先生购买此福克斯,则张先生需要提供的资料有:

a.行驶证　□　　　　b.驾驶证　□　　　　c.机动车销售统一发票　□

d.二手车销售统一发票　□　　　　e.机动车登记证书　□

f.准运证　□　　　　g.准入证　□

(2)机动车上路行驶应带好的合法凭证有:

a.行驶证　□　　　　b.驾驶证　□　　　　c.机动车销售统一发票　□

d.机动车登记证书　□　　　　e.车辆购置税完税证明　□

f.号牌　□　　　　g.保险保单　□

(3)小王购买了一辆小型轿车,裸车价为 60 900 元,需要缴纳的购置税最低为:

a.5 300 元　□　　　　b.6 100 元　□　　　　c.4 700 元　□　　　　d.7 000 元　□

完成下列任务:

阅读分析第 9 页情景描述,回答下列问题。

(1)请判断郭先生需要提供的证件资料有哪些?

_____

_____

_____

_____

(2)请为郭先生准备上述全套证件资料,并为郭先生的车拍摄照片,所有证件和照片附在本页之后。

项目1 学生学习目标检查表

你是否在教师的帮助下成功地完成项目学习目标所设计学习活动	
	肯定回答
专业能力	
认识二手车和二手车市场	
承接鉴定评估业务	
核对购车凭证和税险凭证	
关键能力	
你是否根据已有的学习步骤、标准完成资料的收集、分析、组织工作	
你是否能标准、有效和正确地进行交流	
你是否按计划有组织地活动？是否沿着学习目标努力	
你是否尽量利用学习资源完成学习目标	
完成情况　　所有上述表格必须是肯定回答。如果不是,应咨询教师是否需要增加学习活动,以达到要求的技能。 教师签字_____ 学生签字_____ 完成时间和日期_____	

项目 2

实施二手车技术状况鉴定

项目学习目标

通过本项目的学习,应认识二手车技术鉴定的相关专业知识,获得判断车辆技术状况好坏的能力。其具体表现为:

(1)能正确完成车辆技术状况的静态检查;

(2)能正确完成车辆技术状况的路试检查;

(3)能正确完成车辆技术状况的性能指标检测。

项目学习资源

有关二手车和二手车鉴定评估的资料,可查询文字或电子文档如下:

(1)二手车交易和行业组织网页;

(2)各种介绍二手车鉴定评估的书籍;

(3)有关二手车市场管理及车辆报废的法律与法规。

可提供学习的环境和使用的设备

(1)车间或模拟车间;

(2)二手车接待或模拟二手车接待工作环境;

(3)安全的工作环境和工作场所;

（4）整车车辆；

（5）二手车鉴定评估的必要技术文件。

项目学习任务

任务 2.1　实施车辆静态检查

任务 2.2　实施车辆路试检查

任务 2.3　实施车辆性能指标检测

学生学习目标检查表

任务 2.1　实施车辆静态检查

学习目的

(1)认识二手车静态检查的内容；

(2)识别走私车辆、拼装车辆和盗抢车辆；

(3)能够对二手车进行外观检查。

学习信息

车辆技术状况鉴定是指通过感官和运用检测设备对汽车的外观、内饰情况,各个总成和部件的完好情况,整车的各项使用性能等进行评估。二手车的技术状况鉴定是二手车鉴定评估工作的基础与关键,鉴定方法主要有静态检查、动态检查和仪器检测。其中,静态检查和动态检查是依据评估人员的技能和经验对被评估车辆进行直观、定性判断,在汽车评估中是必不可少的;而仪器检测是对被评估车辆整车及各总成部件技术状况进行定量评价,在实际工作中往往视评估目的和实际情况而定。

2.1.1　二手车静态检查内容

二手车静态检查是指二手车在静止状态下,根据检查人员的技能和经验,辅以简单的量具,对二手车技术状态进行检查。二手车静态检查的目的是快速、全面地了解二手车的大概技术状况,发现一些较大缺陷,为价值评估提供依据。静态检查主要包括识伪检查和外观检查两大部分,具体内容如图 2.1 所示。

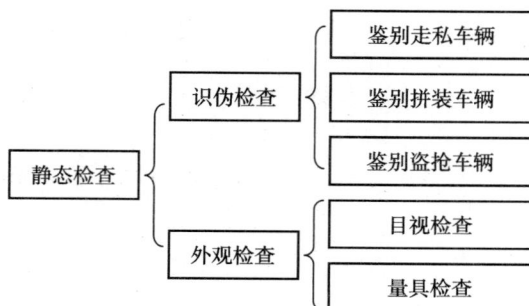

图 2.1　二手车技术状况鉴定静态检查内容

在检查之前,应该先准备如下工具和用品:

①笔和纸:用来记录看到、听到和闻到的异常情况,以及需要进一步检测和考虑的现象。

②手电筒:用来照亮鉴定过程中的发动机舱、底盘等昏暗地方。

③擦布或纸巾:用于擦手或擦拭待检零件。

④旧毛毯或帆布:为需要躺到车底下仰面检查时做铺垫。

⑤卷尺或直尺:用来测量车辆和车轮罩之间的距离。

⑥光盘:用来测试 CD 是否正常工作。

⑦小型工具箱:里面应该有成套套筒、棘轮扳手、火花塞筒扳手、各种螺丝刀、一把尖嘴钳和一个轮胎撬棒,用来拆装和检查某些部件。

⑧磁铁:用于检查车身油漆和腻子厚度。

⑨万用表:用于电气设备的检查测试。

2.1.2 二手车识伪检查

识伪检查主要是为了防止非法走私、拼装及盗抢车辆混入汽车交易市场,而在进行汽车技术状况鉴定时,再次核对汽车的各种证件,以及对汽车上相关各部分进行核查与确认的过程。

(1)鉴别走私车辆

走私车辆是指没有通过国家正常进口渠道进口、并未完税的车辆。其鉴别的方法如下:

①到车管部门查询车辆的档案资料,查找车辆来源信息,以确定其是否合法。正规的汽车进口过程如图 2.2 所示。

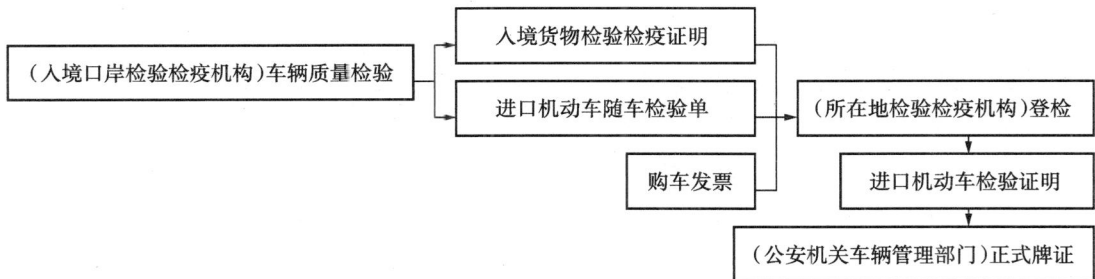

图2.2 汽车进口过程

②检查车辆是否有中文的技术资料。正常进口汽车均附有中文使用手册和维修手册,有的还有零部件目录,这些在走私车辆上则没有。

对于技术状况较好、符合国家有关机动车行驶标准和要求的走私车辆,如果已经由国家有关执法部门通过拍卖等方式处理、取得合法地位并已在公安机关车辆管理部门注册登记上牌,则此类二手车可以进行交易,但在评估价格上应低于正常状态的车辆。否则一经发现,应当给予罚没。

（2）鉴别拼装车辆

拼装车辆是指一些不法厂商和不法商人为了牟取暴利,非法组织生产、拼装无产品合格证的假冒、低劣汽车。这些汽车有的是用国内外散件拼装,有的是用报废车辆拼装,甚至有的是切割后焊接的车辆,给行车安全带来极大隐患。

鉴别拼装车辆的方法有:

①到原注册登记地公安车管部门查看车辆合格证及档案资料,确定车辆来源。

②检查车辆外观。查看车身是否有重新做漆的痕迹,整车外观线条是否流畅自然,曲面是否凹凸不平。特别是小曲线结合部,用手触摸,看是否有不平整的感觉。覆盖件结合部的缝隙间隙是否大小不一致。

③检查车辆内饰。查看内饰表面是否干净平整,特别是内饰压条边缘是否有明显的手指印或其他工具碾压后留下的痕迹。

④检查发动机舱。查看发动机舱的线路、管路布置是否井井有条,有无新旧程度不一致的零部件或缺失的零部件,有无重新拆卸、安装过的痕迹,是否缺失零件,核对发动机号和车辆识别码字体和内容。

识别拼装车

思政小窗口

筑牢法律意识,拒绝违法汽车

很多一直生活学习在校园里的同学可能觉得"违法"这种事离我们很远,事实真是这样吗?

2021年4月,南京警方接到举报称一辆兰博基尼违规行驶。车主邵某交代,正规二手市场同型号跑车售价约300万元,他花126万元买下这辆走私车,挂上伪造临时号牌,只敢夜间上路。邵某因多项违法行为被罚3 500元记27分、行政拘留15日,走私车将面临报废拆解。

几乎同一时间段,山西夏县公安局交通管理大队巡警一队民警在辖区路段例行检查时,发现晋MUH***黑色小型汽车驾驶人神色慌张,十分可疑,且驾驶人郑某当场无法出示车辆行驶证。民警通过公安交通管理综合应用平台查询,发现郑某所驾驶的这辆车的车牌与车辆真实信息不符,存在使用其他机动车号牌的违法嫌疑。在对车辆进一步检查中,发现后备厢里放着两副机动车号牌。民警又通过该车大架号在全国被盗机动车信息资源库查询发现,这辆小型汽车真实号牌是冀RLJ***,存在盗抢嫌疑。后移交县公安局刑侦大队。

类似新闻不时出现在各类媒体,不免让人唏嘘:总有人心存侥幸,为了"利益"或"便宜"疯狂试探法律底线。然而违法的代价不仅是每日的胆战心惊和经济上的损失,还有度日如年的铁窗生活。二手车从业人员更应用自己的专业态度和知识,从车辆流通的源头杜绝此类违法事件的发生,捍卫二手车市场的形象,也避免摧毁自己的职业生涯。

（3）鉴别盗抢车辆

盗抢车辆是指公安车管部门已登记上牌,在使用期内丢失的或被不法分子盗窃,并在公安机关已报案的车辆。不法分子大多将被盗车辆进行一定修饰,然后企图在市场上售卖。因此,盗抢车很可能会流入二手车交易市场,其鉴别方法一般有以下几种:

①申请在公安机关内部网上查询。从车主报案到销案期间,公安车管部门会将盗抢车辆的档案资料锁定,不允许进行车辆过户、转籍等一切交易活动。

②针对盗窃手段,检查车门锁是否过新,锁芯有无更换痕迹,车窗玻璃是否为原配正品,地板角落是否有玻璃残渣,车窗密封胶条是否有撬动痕迹,方向盘锁或点火开关是否有被破坏或更换的痕迹。

③查看车辆外观是否重新做过油漆,或者改变了原车颜色。

④核对发动机号和车辆识别码,查看钢印周围是否有变形、褶皱或重新焊接的痕迹。

识别盗抢车辆	识别违法车辆

2.1.3　实施外观检查

外观检查项目基本上可分为两大类:一类是仅作为定性规定的检查项目,可以直接检查,即目视检查;一类是作为定量规定的检查项目,则需要采用简单量具和正确的量具使用方法进行定量分析。外观检查前,应对二手车进行外部清洗。对于须在底盘下进行的项目,最好在设有检测地沟或汽车举升机的工位上进行。

（1）目视检查

1）检查车辆标志

车辆标志包括车辆的商标、铭牌、车辆识别码,发动机型号及出厂编号、底盘型号及出厂编号。车辆商标必须装设在车身前部外表面上,通常人们一眼就能看出来。车辆铭牌(图2.3)置于发动机舱或门柱等易于观看的位置,其上应标明厂名、型

图2.3　车辆铭牌

号、发动机功率、总质量、载重质量或载客人数、出厂编号及出厂年月等。车辆识别码位于前挡风玻璃左下侧。发动机型号和出厂编号应打印在发动机缸体侧平面上,底盘型号和出厂编号应打印在金属车架的易见部位。检查的时候应留意以上标志的位置和内容是否正确,是否缺失或有篡改痕迹。

检查车辆标志

2）车身检查

①检查车身是否碰撞受损。站在车前往尾部看，观察各接缝是否平顺，装饰条有无脱落或新旧不一，覆盖件有无凹凸、翘曲或变形（图2.4）。如有以上现象，说明该车可能出过事故或修理过。

检查车身

②检查车身油漆。查看有无重新做漆的痕迹，车漆颜色有无明暗色调不一。用一块磁铁沿车身周围移动，如遇到磁力突然减小，或用手敲击车身遇到敲击声明显比其他部位沉闷，均表明该处局部补灰、做漆。通过这些方法，可以判断被检车辆以前被撞时车身可能受过多大的损伤。如果油漆表面有龟裂现象且车未撞过，那么该车已经使用了大约10年。

③检查金属零部件的锈蚀情况，主要检查车门、车窗、底板、挡泥板和各接缝是否生锈。如锈蚀严重，说明该车使用状况恶劣，使用年限长。

查看车灯、后视镜、车窗玻璃是否完好、齐全、有效。检查前照灯、后尾灯安装

图2.4　C柱变形

缝隙是否均匀、对称、新旧一致。检查左、右后视镜的安装、调节是否能满足驾驶视野要求。检查挡风玻璃是否有国家安全玻璃认证标志（图2.5）。

图2.5　玻璃3C认证

④检查保险杠有无明显变形、损坏或校正、重新补漆的痕迹。道路交通事故中，保险杠是最容易损坏的零件。通过对保险杠的认真检查，能够断定被检车辆是否有过碰撞或发生过交通事故。

⑤检查车门、车窗启闭是否灵活、有无异响，关闭是否严密，锁止是否可靠，密封条有无破损、老化。查看关闭时车门接缝处是否平整，打开车门时车门框是否平顺、ABC柱是否呈波浪形。

3）驾驶室、乘客舱和行李箱内部检查

①检查驾驶操纵机构：

检查乘客舱

a.检查方向盘。将方向盘回正，使汽车处于直线行驶状态，左右转动方向盘，感知其游动间隙。方向盘的最大游动间隙由中间位置向左或向右不应超过15°。两手握住方向盘，将其上下、前后、左右摇动推拉，应无松旷感。

b.检查油门、离合、制动踏板有无弯曲变形。观察踏板及踏板胶是否磨损过度，通常一块踏板胶寿命是3万千米左右，如果换了新的，说明该车已行驶3万千米以上。踩下踏板，检查是否有干涉或异响，同时感知其弹性及松紧程度。

c.检查驻车制动操纵杆。松开再拉紧驻车制动，检查操纵杆是否灵活、失效，锁止机构是否正常。大多数驻车制动操纵杆拉起时应在发出五六声咔嗒声后使后轮制动。

d.检查变速器换挡操纵机构。用手握住变速器操纵杆球头，根据挡位图逐一将变速器换至各个挡位，检查换挡操纵机构是否灵活。观察换挡器防护罩是否破损。

②检查仪表盘是否原装、有无线束更改的痕迹。仪表盘上一般都设有车速里程表、燃油表、水温表等仪表，以及制动警报灯、转向指示灯、发动机故障灯等指示警报灯。分别检查这些仪表和指示警报灯是否正常工作，有无缺失损坏。查看里程表读数，一般家用轿车每年行驶1万~2.5万千米。观察点火开关打开后，故障指示灯是否亮3 s后自动熄灭。

③检查顶棚、地毡等内饰是否残旧、破损、发霉。车内如有发霉的味道，表明车子可能有泄漏的情况。从地毡的磨痕可以推断出该车的使用频繁程度。揭开地毡，查看车厢底板是否有潮湿或者生锈的痕迹，是否有烧焊的痕迹。

④检查驾驶员及乘客座椅安装是否牢靠，安全带是否齐全。查看座椅的新旧程度，是否松动、严重磨损甚至撕破开裂，可以推断出该车的使用频率或负荷情况。检查座椅调节装置是否灵活有效。

⑤检查电器设备。车上一般都设有刮水器和玻璃洗涤器、电动车窗、电动外后视镜、点烟器、音响和收音机、空调等各种电器设备。依次开启并调节这些电气设备，检查其能否稳定工作、能否能实现设计功能、有无异响。

⑥检查行李箱。检查行李箱盖开关拉索或电动开关是否工作，防水密封条是否完好，地毯是否发霉，行李箱盖底部颜色是否与外部相同，地板垫、线路、尾灯等是否有多余喷漆的痕迹。检查备胎和随车工具是否齐全。掀开行李箱地垫，观察地板是否有锈蚀、修理或焊接痕迹。关闭行李箱盖，其闭合力不应很大，检查关闭行李箱后闭合是否严密、行李箱盖与车身其他部分的缝隙是否均匀、有无明显偏斜。

4）检查发动机及发动机舱

①检查发动机舱盖。仔细查看发动机舱盖与翼子板的密合度或缝隙是否一致（图2.6）。打开发动机舱盖，检查其内侧是否有大小均匀的点焊痕迹、有无烤漆痕迹、防水胶条是否平顺。

图2.6　缝隙不均匀

②检查发动机外部清洁情况。观察发动机是否有锈蚀、零部件损坏或缺失，查看发动机线路和管路连接是否松动。

检查发动机舱

③检查发动机润滑系统。查看机油液面高度，如果液面过低且最近一次更换机油的时间和间隔里程正常，则说明发动机烧机油；液面过高则可能是发动机窜气或漏水。取一片干净白纸，在纸上滴一滴机油，观察机油的颜色、透明度和杂质情况。清洁机油加油口盖周围区域，打开加油口盖并将其翻转过来，查看其底面是否有一层具有黏稠度的深色乳状物，甚至与油污混合的小水滴。要特别注意机油的变灰、变白或乳化现象，该现象说明有水渗透进机油，可能是冷却系统或燃油系统泄漏，不排除缸盖、缸体开裂的可能，甚至被冷却液污染的机油在短时间内会对发动机零部件造成许多危害。

④检查发动机冷却系统。检查冷却液液面高度是否在规定的高度范围之内。冷车状态下打开副水箱盖，观察冷却液面上是否有铁屑、油污等异物漂浮。打开散热器盖，检查其是否腐蚀、是否密封良好，观察散热器颈部的水垢情况。检查散热器、水管及接头、水泵等表面是否有潮湿、发霉、开裂或生锈的区域。

⑤检查发动机点火系统。检查蓄电池壳体是否干爽、有无裂痕，安装是否紧固；检查蓄电池接线柱有无严重铜锈、腐蚀或大量白色粉末（硫酸盐）；查看蓄电池剩余寿命；在前大灯打开时启动发动机，观察发动机是否顺利启动，以判断蓄电池是否缺电。用火花塞套筒扳手拆下任意一个火花塞，检查火花塞是否有严重积炭、电极烧蚀或开裂、绝缘体破裂等现象。

⑥检查空气滤清器。打开空气滤清器壳体，检查里面的清洁程度。如果灰尘很多，说明车主对车的保养较差；如有油污，应考虑发动机有无回火现象。

⑦检查制动液、离合器液、助力转向油、变速器油等油液液面高度是否正确，颜色是否正常，是否存在污垢或杂质，以及是否有异味。

⑧检查发动机、起动机、空调压缩机、助力转向泵、正时皮带等主要零件外观是否完好，安装是否牢固。检查各支架、螺栓是否松动或丢失，查看线束是否固定或裸露。

5）车底检查

①检查完发动机舱、乘客舱、行李箱及车身表面后，将被检车辆开上地沟或举升机工位，检查车辆底部各部件。

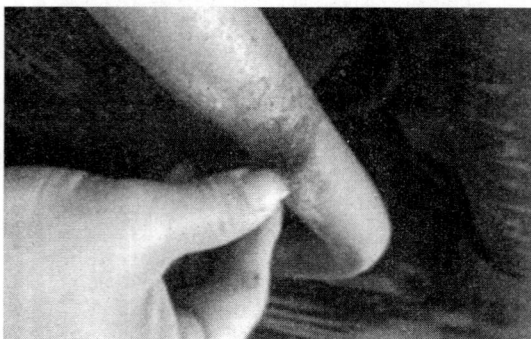

图2.7　排气管漏气

②检查发动机的固定、与传动系的连接、与车身的连接是否牢靠。检查排气管、消声器是否固定、齐全，有无严重锈蚀，有无变形、破损或漏气（图2.7）。观察排气管内壁是否有黑色炭灰或黑色黏稠油污，有油污说明发动机烧机油。

③检查传动轴是否弯曲、凹陷。检查万向节、万向节轴承及中间支承是否磨损、有无裂纹及松旷，万向节凸缘连接是否松动。用手弯曲或挤压万向节防尘套，查看

其是否开裂或擦伤。

④检查转向节臂、转向拉杆有无裂纹、弯曲、损伤或拼焊,检查转向拉杆球销是否松旷、连接是否可靠,检查运动部件有无干涉或摩擦、润滑是否良好。检查助力转向泵安装是否牢固,驱动带及油管接头有无松动。

检查车辆底部

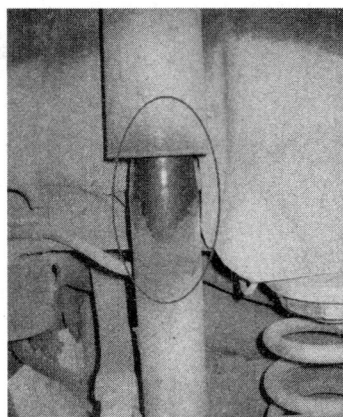

⑤检查车辆减震器。用手分别压力按压车辆前、后、左、右角,车身应能回弹并自由跳动2~3次。检查螺旋弹簧有无裂纹、折断或疲劳失效,上、下支座有无变形损坏。检查钢板弹簧有无裂纹、断片或缺片现象,钢板弹簧与衬套的配合是否松旷。观察减震器活塞杆是否潮湿或有严重油污(图2.8)。检查车架与悬架之间各拉杆或导杆有无松旷或移位。

⑥检查车轮。用举升机举起被检车辆,或用千斤顶支起车身,用手晃动车轮,感觉车轮是否松动来检查轮毂轴承的松旷和磨损。检查轮胎是否有割痕或磨损,磨耗标记是否已显现表示已达磨损极限。

⑦检查前后桥有无变形、裂纹。检查车架是否有裂纹、变形、拼焊,螺栓铆钉有无缺失、松动。

⑧检查冷却液、制动液、助力转向油、燃油等油液管路是否磨损、老化开裂、渗漏或干涉。

图2.8　减震器漏油

(2)量具检查

1)检查车身周正

所谓车身周正,是指车身端正、平衡。

检查方法:将被检车辆停放在外观检查工位上,首先用眼睛对车身进行观察,检查是否有严重的横向或纵向歪斜。

检查工具:用高度尺或卷尺检测左右对称部位的高度。

标准:通常要求车身周正,左右对称部位高度差不得大于40 mm。测量每个车轮后侧与轮罩的间隙,应大致相同。

量具检查

2)检查踏板自由行程

检查方法:用手轻轻按压制动或离合踏板,从踏板开始运动到人手感觉费力,用直尺测量这期间踏板移动的距离,即踏板自由行程(图2.9)。

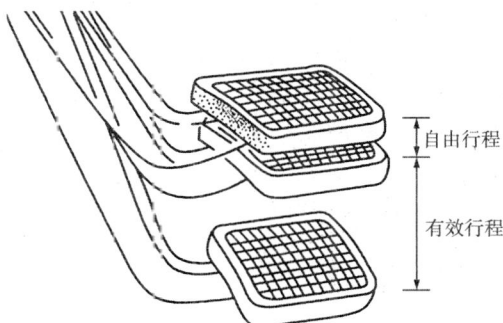

自由行程

有效行程

图2.9　踏板自由行程

检查工具:直尺。

标准:制动踏板通常应有 10～20 mm 的自由行程,离合踏板自由行程一般在 30～45 mm。

3)检查轮胎磨损

对汽车轮胎的检查主要是对轮胎气压和磨损程度的检测,其中对二手车技术状况鉴定影响较大的是后者。

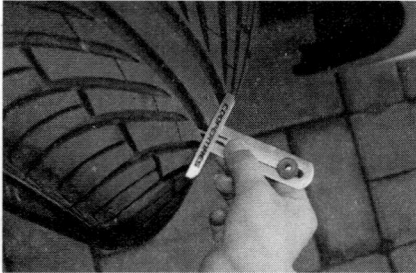

检查方法:采用钢直尺、深度尺等对轮胎胎纹进行测量(图2.10)。

检查工具:钢直尺、深度尺。

标准:轿车轮胎胎冠花纹深度在磨损后应不少于1.6 mm,其他车辆轮胎胎冠花纹深度不得少于3.2 mm;轮胎的胎面和胎壁上不得有长度超过25 mm、深度足以暴露出轮胎帘布层的破裂或割伤。

图 2.10　轮胎胎纹深度检查

4)检查车轮横向及径向摆动量

检查方法:用举升机或千斤顶顶起前桥,用百分表测头水平触到轮胎前端胎冠外侧,用手前后摆动轮胎,测其横向摆动量;再将百分表移至轮胎上方,使测头触到胎冠中部,然后用撬杆往上撬动轮胎,测量其径向摆动量。

检查工具:百分表。

标准:车轮摆动量要求总质量小于或等于 4.5 t 的汽车不大于 5 mm,其他车辆不大于8 mm。

回答下列问题

1. 怎样从机油品质判断发动机技术状况?

_____

_____

_____

_____

2. 行李箱内外漆面相差较大意味着后部有哪些问题?

_____

_____

_____

_____

完成下列任务

　　阅读分析第 9 页情景描述,请对老师提供的实车进行静态检查并完成下列任务单五《二手车静态检查记录表》。

任务单五　二手车静态检查记录表

车辆号码		厂牌型号		车架号		发动机号	
车主				检查人员		检查日期	
检查内容			检查结果		评估价格影响分析		
车辆外观检查	车身漆面						
	车身配合间隙						
	车身尺寸						
	车身防腐情况						
发动机舱检查	发动机外观						
	润滑系统						
	冷却系统						
	点火系统						
	电源						
	供给系统						
	其他部件						
驾驶室及行李箱检查	驾驶操纵机构						
	座椅情况						
	安全装置						
	内饰情况						
	开关及仪表情况						
	行李箱						
底盘外观检查	排气系统及发动机支撑						
	传动系统						
	转向系统						
	减震器						
	车架及车桥						
	车轮及轮胎						

任务 2.2   实施车辆路试检查

学习目的

（1）知道二手车路试前检查内容；
（2）对二手车进行路试检查；
（3）知道二手车路试后检查内容。

学习信息

二手车动态检查是指汽车在道路行驶的各种工作状态下，对汽车性能进行检查。通过汽车在启动、怠速、起步、加速、匀速、换挡、滑行、紧急制动等各种工况中的表现，检查汽车的操纵性能、制动性能、加速性能、噪声等，来鉴定和判断二手车的技术状况。在检查过程中，需启动发动机，并对二手车进行路试。路试检查可以更准确了解被评估车辆的现时技术状况，对公正科学地确定被评估车辆的成新率、全面评估车辆价格非常必要。

2.2.1   路试前检查

路试前检查

在进行动态检查前，应检查机油油位、冷却液液位、制动液液位、转向油油位、踏板自由行程、转向盘自由行程、轮胎胎压、各报警灯，各个项目正常后方可启动发动机。路试前检查包括发动机性能检查、窜油窜气检查和排气检查。

（1）发动机性能检查

1）检查启动性能

正常情况下，用起动机启动发动机时，应在 3 次内启动成功。启动时，每次时间不超过 5 ~ 10 s，再次启动时间要间隔 15 s 以上。

2）检查怠速性能

发动机启动后，使其怠速运转。观察仪表盘上的发动机转速表，怠速转速应在规定的转速范围内，通常为（800±100）r/min。怠速转速应平稳，波动小于 50 r/min。打开发动机舱盖，观察发动机运行，振动应很小。

3) 检查急加减速性能

发动机暖机完成、温度达到80 ℃以上后,用手拨动节气门,检查发动机在各种转速下的运转是否平稳,转速变化时过渡是否平顺。迅速踩下加速踏板,观察发动机转速提升是否灵活、迅速,发动机应发出强劲、有节奏的轰鸣声,且无回火、放炮现象和敲缸、气门运动噪声。把加速踏板踩到底,然后迅速释放加速踏板,观察发动机转速的下降是否灵敏、迅速,发动机不能怠速熄火。

4) 检查熄火性能

对于汽油机,关闭点火开关后,发动机应正常熄火。对于柴油机,停机装置应灵活有效。

（2）发动机窜油、窜气检查

打开润滑油加注口,缓缓踩下加速踏板。如果窜气严重,肉眼可以观察到油雾气,或闻到明显油气味。如果窜气不严重,可用一张白纸放在离润滑油加注口50 mm左右处,然后加速,若窜油、窜气,白纸上会有油迹,严重时油迹面积大。

（3）发动机排气检查

1) 检查排气颜色

正常汽油机排出的气体是无色的,在严寒的冬季启动时可见白色水气。柴油机带负荷运转时,发动机排出的气体通常是灰色的,颜色随负荷加重而加深。汽车排气常有以下3种异常情况:

①冒黑烟。汽车排气冒黑烟意味着可燃混合气过浓,发动机不能将燃油完全燃烧。排气冒黑烟可能提示火花塞不点火、点火时刻过迟或喷油器漏油,燃油被送往催化转换器后升高转换器工作温度,经过一段时间的积累,可能会导致催化转化器过热甚至破裂、融化。

②冒蓝烟。汽车排气冒蓝烟意味着机油窜入燃烧室燃烧,可能是机油过多、活塞环或活塞磨损从而与气缸壁的间隙过大,可能导致发动机大修。

③冒白烟。汽车排气冒白烟意味着发动机烧冷却液,可能是由缸体缸盖有裂纹或汽缸垫烧损导致。烧冷却液冒白烟与冷启动时冷热交换产生的水蒸气不同,水蒸气会随着发动机暖机、正常运转而消失,烧冷却液产生的白烟却不会。当然,如果在非常寒冷的气候条件下检查被评估车辆,即使在发动机热起来后,它的排气可能继续冷凝,这时候就要靠鉴定评估人员的判断力了。如果是自动挡汽车在行驶过程中排出大量白烟,则可能是自动变速器油通过真空管被吸入发动机造成。

2) 检查排气气流

将手放在距排气管排气口大约10 cm处,感觉发动机怠速时排气气流的冲击,应是很小的脉冲感,没有周期性打嗝或不平稳的喷溅。将一张白纸悬挂在靠近排气口10 cm处,白纸应不断地被排气气流吹开,而没有倒吸、喷溅现象。

检查发动机性能

思政小窗口

开车上路前的注意事项——提高安全意识,平安用车每一天

开车上路前对车辆及周边环境进行检查,不仅是机动车鉴定评估师需要执行的程序,也是每一位驾驶员日常工作生活中理应养成的好习惯。这一习惯通常包括:

发车之前看看汽车周围是否有障碍物,比如,是否有小猫小狗在轮胎旁边睡觉?是否有小孩子蹲在车子后面玩耍?倒车出去,是否会碰到一些矮的、后视镜看不到的障碍物等。

在车前、车后蹲下,仔细查看车身下是否有油液泄漏现象。

仔细查看轮胎的磨损、破损情况,是否有钉子、异物卡在轮胎里面等,用脚踢踢轮胎、看看气压是否正常。

检查灯光和信号装置,包括前大灯、转向灯之类的照明灯和信号灯,以及汽车喇叭。车灯故障会造成很大的交通隐患,例如,行车进入长隧道才发现大灯不亮、光线太弱,或刹车减速时制动灯不亮、后车未收到信号而无法保持行车距离等。喇叭故障也可能导致其他车辆或行人难以注意到来车,而无法及时避让。千万记住,灯光是汽车的"眼睛",而喇叭是"嘴"。

根据个人的身高、体重、开车习惯等,调节座椅位置和反光镜、后视镜位置,确保驾驶舒适,减少视线遮挡。

适当热车,检查发动状态及声音是否正常、空调是否正常等,方可系好安全带,放下手刹,准备开车上路。

虽然现在汽车上的安全装置越来越多,但切不可过于依赖这些安全装置而忽略了安全操作的重要性。

2.2.2 路试检查

汽车路试一般行驶 20 km 左右,通过一定里程的路试来检查汽车的技术状况。检查的主要内容有:

(1)检查汽车动力性能

汽车动力性能的评价指标有车辆从静止加速至 100 km/h 所需的加速时间、爬坡性能和最高车速,其中加速时间是最具实用意义的动力性指标。

检查汽车动力性能

1)检查汽车加速时间

汽车起步后,加速行驶,猛踩油门,检查汽车的加速性能。通常情况下,急加速时,发动机发出强劲的轰鸣声,车速迅速提升。将被检汽车的表现与正常的该型号汽车的加速性能进行对比,可以定性判断被评估车辆的加速性能。

2）检查汽车爬坡性能

检查汽车在不同坡道上、使用相应挡位时的动力性能,检查其与经验值是否相近,感觉是否正常,以检查汽车的爬坡性能。

3）检查汽车最高车速

尽量提高车速,观察仪表盘上车速表读数,检查被检汽车是否能达到原设计车速。如果达不到,估计一下差距大小。

（2）检查传动系统

按正常汽车起步方法操纵汽车,使汽车挂挡起步。

1）检查离合器工作状况

检查离合器结合是否平稳、分离是否彻底,工作时是否有异响、抖动和不正常的打滑等现象。如果离合器发抖或有异响,应立即结束路试。离合器踏板力应与该型号汽车的踏板力相适应,各种汽车的离合器踏板力不应大于 300 N。

2）检查手动变速器工作状况

将手动变速器从低速挡换到高速挡,再由高速挡减至低速挡,检查变速器换挡是否轻便灵活,是否有异响,自锁和互锁装置是否有效,是否乱挡、掉挡（即换挡杆自行回到空挡）,换挡杆是否发抖或与其他零部件干涉。

3）检查自动变速器工作状况

对于自动变速器,先使汽车正常低速行驶 5 ~ 10 min,让发动机和自动变速器都达到正常工作温度。

①将换挡杆拨到前进挡（D 挡）,踩下加速踏板并保持在 1/2 开度左右,检查变速器是否自动升挡,换挡是否有明显冲击。

②自动升挡时,发动机转速瞬时下降,同时车身有轻微闯动感。正常情况下,随着车速升高,自动变速器应能顺利的自动升挡,且无明显换挡冲击。记录升挡车速,查看其是否在规定的升挡车速标准范围内。一般 4 挡自动变速器在节气门开度保持在 1/2 时由 1 挡升至 2 挡、2 挡升至 3 挡、3 挡升至 4 挡的升挡车速分别为 25 ~ 35 km/h、55 ~ 70 km/h 和 90 ~ 120 km/h。记录升挡时发动机转速,通常升挡转速在 2 500 ~ 3 000 r/min,刚刚完成升挡后的短时间内发动机转速下降至 2 000 r/min 左右。

③检查自动变速器是否有发动机制动功能。汽车在低挡低速行驶时,突然松开加速踏板,若车速立即下降,则有发动机制动作用。

④检查自动变速器的强制降挡功能。汽车在较高挡位行驶时,突然将加速踏板踩到底,若发动机转速突然上升至 4 000 r/min 左右然后随着加速升挡逐渐下降,则自动变速器有强制降挡功能。

4）检查传动系统传动效率

在平坦的路面上对汽车进行滑行试验,将汽车加速至 30 km/h 左右,踩下离合,变速器挂入空挡滑行,滑行距离不应小于 220 m,否则传动系统传动

检查传动系统

阻力过大、油耗增大、动力不足。

（3）检查制动系统

GB 7258—2012《汽车运行安全技术条件》对汽车在不同初速度下的制动距离和制动稳定性作出了规定，见表2.1。

汽车起步后，先点一下制动踏板，检查制动是否有效。驾驶被检汽车以30 km/h车速行驶，急踩制动踏板然后松开，不应出现跑偏迹象（图2.11）。加速至60 km/h时紧急制动，车辆应能立即减速，无跑偏、甩尾现象。观察在踩下制动踏板后的制动过程中是否有冲击或海绵感，制动器是否发出异响或啸叫。如果被检汽车配有ABS，以40 km/h的速度紧急制动。若ABS正常，制动踏板上应能感觉到连续的上下振动。

检查制动系统

表2.1 制动距离和制动稳定性要求

汽车类型	制动初速度 /(km·h^{-1})	满载制动距离要求 /m	空载制动距离要求 /m	试验通道宽度 /m
乘用车	50	≤20.0	≤19.0	2.5
总质量不大于3 500 kg的低速货车	30	≤9.0	≤8.0	2.5
其他总质量不大于3 500 kg的汽车	50	≤22.0	≤21.0	2.5
其他汽车	30	≤10.0	≤9.0	3.0

图2.11 跑偏

选择一个坡路，将汽车停在坡上，拉上驻车制动拉杆，观察汽车是否停稳、有无溜滑现象。驻车制动力通常不应小于整车质量的20%。

（4）检查行驶稳定性

汽车以大约50 km/h的速度直线行驶，双手松开方向盘，观察汽车是否自动跑偏。汽车以90 km/h以上的速度行驶，观察方向盘是否摆振、抖动。在宽敞的路面上行驶，左右转动方向盘，检查转向是否灵活轻便，是否有异响，转向后是否自动回正。

检查行驶稳定性

（5）检查行驶平顺性

将汽车开到粗糙、起伏路面，或通过铁轨、公路伸缩接缝处，观察车身振动情况，感觉汽车通过的平顺性和乘坐舒适性。汽车转弯或通过不平路面时，倾听是否有从汽车前端发出的忽大忽小的嘎吱声或低沉噪声，感觉车身侧倾是否过大。

检查驾驶平顺性

（6）检查风噪

逐渐提高车速，使汽车高速行驶，倾听车外噪声。若风噪过大，可能是门窗密封不严或车门变形所致。

2.2.3　路试后检查

（1）检查各部件温度

检查润滑油、冷却液温度：冷却液温度不应超过 90 ℃，润滑油温度不应高于 95 ℃，齿轮油温度不应高于 85 ℃。检查运动机件过热情况，查看轮毂、制动鼓、变速器壳、传动轴、中间轴承、驱动桥壳等的温度，不应有过热现象。

（2）检查"四漏"

所谓"四漏"，是指汽车的漏水、漏油、漏气、漏电这 4 种泄漏现象。

汽车连续行驶距离不小于 10 km，发动机运转及停车 5 min 后观察，散热器、水泵、缸体缸盖、暖风装置、机油、变速器油、转向器油等相关处及所有连接部位不应有明显渗、漏现象。

路试后检查

检查汽车的进、排气系统是否有漏气现象。

检查发动机点火系统是否有漏电现象。

回答下列问题

1.汽车挂挡困难的原因有哪些？

_____

_____

_____

2.如何评价二手车动力性能、经济性能的好坏？

_____

_____

_____

完成下列任务

阅读分析第9页情景描述,请对老师提供的实车进行动态检查并完成下列任务单六《二手车动态检查记录表》。

任务单六　二手车动态检查记录表

车辆号码		厂牌型号		车架号		发动机号	
车主				检查人员		检查日期	
检查内容		检查结果		结果分析		评估价格影响分析	
发动机动态检查	启动性能						
	怠速性能						
	曲轴箱窜气						
	异响						
	排气						
	发动机相关仪表						
路试检查	加速性能						
	制动性能						
	操纵稳定性						
	换挡性能						

任务2.3　实施车辆性能指标检测

学习目的

（1）认识汽车性能主要指标；
（2）使用简单仪器和设备对二手车进行性能指标检测。

学习信息

利用静态检查和动态路试检查，可以对被检汽车的技术状况进行定性判断，即初步判定车辆的运行情况是否基本正常、车辆各部分有无故障、车辆各总成及部件的新旧程度等。但当需要对车辆各项技术性能及各总成、部件的技术状况进行定量、客观的评价时，仅有定性判断是不够的，还需要借助一些专用仪器、设备对车辆性能做一个定量的检测，确保二手车技术状况鉴定的准确性。

2.3.1　检测汽车主要性能指标与设备

对车辆进行综合检测，需要检测车辆的动力性、燃油经济性、转向操作性、排放污染、噪声等整车性能指标，以及发动机、底盘、电器电子等各部件的技术状况。车辆主要检测内容及相应采用的仪器设备见表2.2。

表2.2　车辆性能检测指标与检测设备

检测项目		检测指标	检查仪器设备
整车性能	动力性	底盘输出功率	底盘测功机
		整车加速时间	
		滑行性能	
	燃油经济性	等速百千米油耗	底盘测功机、油耗仪
	制动性	制动力	制动检测台、轮重仪
		制动力平衡	
		制动协调时间	
		车轮阻滞力	
		驻车制动力	

续表

检测项目		检测指标	检查仪器设备
整车性能	转向操纵性	转向轮横向侧滑量	侧滑检验台
		转向盘最大自由转动量	转向力-转向角检测仪
		转向操纵力	
		悬架特性	底盘测功机
	前照灯	发光强度	前照明灯检测仪
		光束照射位置	
	排放污染物	汽油车急速污染物排放	废气分析仪
		汽油车双急速污染物排放	
		柴油车排气污染物	不透光仪
		柴油车排气自由加速烟度	烟度计
	喇叭声级		声级计
	车辆防雨密封性		淋雨试验台
	车速表示值误差		车速表试验台
发动机部分	发动机功率		无负荷测功仪、发动机综合测试仪
	汽缸密封性	气缸压力	汽缸压力表
		曲轴箱窜气量	曲轴箱窜气量检测仪
		汽缸漏气率	汽缸漏气量检测仪
		进气管真空度	真空表
	启动系	启动电流	发动机综合测试仪
		蓄电池启动电压	
		启动转速	
	点火系	点火波形	专用示波器、发动机综合测试仪
		点火提前角	
	燃油系	燃油压力	燃油压力表
	润滑系	机油压力	机油压力表
		润滑油品质	机油品质检测仪
	异响		发动机异响诊断仪
底盘部分	离合器打滑		离合器打滑测定仪
	传动系游动角度		游动角度检验仪
	车轮定位		四轮定位仪
	车轮平衡		车轮平衡仪
空调系统	系统压力		空调压力表
	空调密封性		卤素检漏灯
电子设备			微机故障检测仪

　　检查车辆性能指标需要的设备有很多,其中最主要的底盘测功机、制动检验台(图 2.12)、发动机综合测试仪、四轮定位仪(图 2.13)等设备,一般在汽车的综合性能检测站或汽车修理厂采用,操作难度较大且通常需要专人操作。对于需要用到以上设备的性能检测,可委托有相关设备有资质的单位进行。但对于一些常规的、小型检测设备,二手车鉴定评估人员应能够正确掌握和使用,以便迅速快捷地判断汽车常见故障。这些设备仪器主要有气缸压力表、真空表、万用表、燃油压力表、废气分析仪、烟度计、声级计、微机故障诊断仪(俗称解码仪)等。

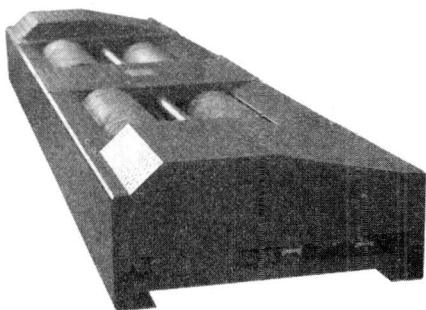

图 2.12　制动检验台

图 2.13　四轮定位仪

2.3.2　测量气缸压力

　　汽缸压缩终了的压力(简称缸压)与发动机热效率和平均指示压力有密切关系。检测缸压可以间接判断发动机的技术状况。

　　测量缸压的工具为气缸压力表,简称缸压表(图 2.14),是一种由表头、导管、单向阀、接头等组成的专用压力表。使用缸压表测量缸压时,遵循以下步骤:

　　①发动机充分暖机至正常工作温度,然后停止发动机。

　　②将变速杆扳到空挡(对于自动变速器,操纵杆扳到 P 挡),并拉起驻车制动拉杆,在驱动车轮下垫好三角木。

　　③拆开点火线圈插接器,拔下高压阻尼线,拆下所有的火花塞。

　　④拆开燃油喷油器的线束插接器。

　　⑤将缸压表接头装入火花塞孔内。

　　⑥将节气门踏板踩到底,使节气门全开。

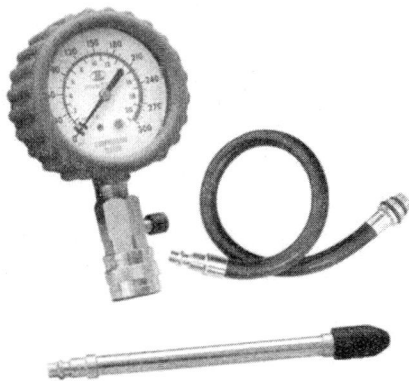

图 2.14　汽缸压力表

⑦用蓄电池起动发动机,并在缸压表上读出最高压力值。

⑧按下单向阀使缸压表回零,对该缸进行不少于 2 次测量。

⑨对每一缸进行⑤项—⑧项的检测。

发动机气缸压缩压力的技术标准按 GB/T 15746—2011《汽车修理质量检查评定方法》要求:全部气缸压力值应符合原设计规定;各缸压力差汽油机不超过 8% ,柴油机不超过 10% 。

检测缸压

思政小窗口

石油短缺——认清节能环保的重要性

发动机缸压不足会影响燃烧状况,造成发动机功率和扭矩下降、车身加速等动力性能变差,排放超标的同时燃油消耗量增加。传统汽车主要使用石油制品作为燃料,随着汽车工业的飞速发展,石油成为最重要的商品之一,被称为"工业的血液"。然而,石油是古代海洋湖泊中的生物经过漫长的演化形成,是一种非可再生资源,其储量有限,且分布、生产、消费不平衡。

在我国,石油进口逐年增加,对石油进口的依赖加剧。2020 年,我国石油进口量达到 5.1 亿吨,而我国石油产量仅为 1.91 亿吨,对进口石油的依赖已超过 72% 。如此高依赖进口石油意味着什么? 第一,消耗大量外汇;第二,你根本买不到市场上价格合适的商品。目前我国能源安全状况非常脆弱,一旦海外石油被切断,将对我国经济造成毁灭性打击。因此,不难理解我国发展新能源汽车的决心。

在传统汽车行业,我们无法与那些沉淀丰富的百年汽车公司竞争,但在新能源汽车领域,每个人都在同一起跑线上。在空白市场上,领先者就能占据一席之地,这是实现汽车行业弯道超车的一个好机会。

此外,在国际能源形势下,自然资源面临减少甚至枯竭,石油资源终将被取代,新能源、可再生能源是一条必经之路。不是最后因为石油资源耗竭而被动发展新能源,而是当石油还是其他主要能源的时候,通过发展新能源汽车,就能使产业资本提前转型到新能源方向上,赶在其他国家之前在新能源领域占据一席之地。

现在,你还认为大力发展新能源汽车不重要吗?

2.3.3 检测燃油压力

检查发动机运转时电控燃油喷射系统燃油管路内的燃油压力,可以判断电动燃油泵或燃油压力调节器有无故障、汽油滤清器是否堵塞等。检测燃油压力时,需要燃油压力表及专用的油管接头,按下列步骤执行检测:

(1)安装燃油压力表

①启动发动机,拔下电动燃油泵继电器(或拔下电动燃油泵电源插头),待发动机熄火后再转动启动开关,启动发动机 2 ~3 次。释放燃油压力后关闭点火开关,装上电动燃油泵继

电器(或插上电动燃油泵电源接头)。

②拆下蓄电池负极搭铁线。

③拆除燃油系统测压孔螺栓,拆时要用棉布包住油管接头,以防汽油喷溅。将燃油压力表和油管安装在测压孔上。

④重新装上蓄电池负极搭铁线。

(2)检测系统静态燃油压力

①拔下电动燃油泵继电器,用一根导线将电动燃油泵供电端子短接。

②打开点火开关(但不要启动发动机),让电动燃油泵运转。

③测量燃油压力,其正常油压应为3 000 kPa左右。

④关闭点火开关,拔掉短接导线。

(3)测量燃油系统保持油压

静态油压测量结束5 min后,再观察油压表指示的油压,此时的油压值应不低于147 kPa。

(4)检测发动机运转时的燃油压力

①启动发动机。

②让发动机怠速转动,测量此时的燃油压力。其正常值为250 kPa左右。

③缓慢踩下加速踏板,测量在节气门接近全开时的燃油压力。其正常值为300 kPa左右。

④拔下油压调节器上的真空软管,并用手堵住,让发动机怠速运转。此时的燃油压力应该与节气门全开时的燃油压力基本相等。

2.3.4 检测排气污染物

汽车排放的污染物主要有一氧化碳(CO)、碳氢化合物(HC)、氮氧化物(NOx)、微粒(PM)和硫化物等。这些污染物由汽车排气管、曲轴箱和燃油系统排出,分别称为排气污染物(又称尾气)、曲轴箱污染物和燃油蒸发污染物。其中,汽车尾气中的CO、HC、NOx和CO_2等气体,对红外线分别具有吸收一定波长的性质,且吸收程度与废气浓度之间有一定关系。利用这一原理制成的废气分析仪(图2.15)用来检测汽油机排气污染物的成分,检测方法主要有怠速法和双怠速法。

图2.15 废气分析仪

使用怠速法检测汽车排气污染物的步骤主要如下:

（1）准备工作

①仪器准备。接通电源,对废气分析仪进行预热。用标准气体校准仪器,把取样探头和取样导管安装到分析仪上。

②车辆准备。发动被检测车辆,使其充分预热到热车温度。

（2）测定排气污染物

①发动机从怠速状态加速到 70% 额定转速,运转 60 s 后降至怠速转速。

②将分析仪探头插入排气管中,深度不小于 400 mm 并固定在排气管上,维持 15 s。

检测排气污染物

③读取 30 s 内的最高值和最低值,其平均值即为测量结果。

④若为多排气管时,应取各排气管测量结果的算术平均值作为测量结果。

将被评估车辆的排气污染物检测结果与排放限值（表 2.3）进行比对,便可知被评估车辆的废气排放水平是否满足规定。

表 2.3　轻型汽油车污染物排放限值

标准	生效时间	类型	排放限值/(mg·km^{-1})			
			CO	HC	NOx	其他
国Ⅲ	2005.12.30（北京） 2007.7.1	第一类车	2 300	200	150	
		第二类车 RM≤1 305 kg	2 300	200	150	
		第二类车 1 305 kg<RM≤1 760 kg	4 170	250	180	
		第二类车 1 760 kg<RM	5 220	290	210	
国Ⅳ	2008.3.1（北京）	第一类车	1 000	100	80	
		第二类车 RM≤1 305 kg	1 000	100	80	
		第二类车 1 305 kg<RM≤1 760 kg	1 810	130	100	
		第二类车 1 760 kg<RM	2 270	160	110	
国Ⅴ	2013.2.1（北京）	第一类车	1 000	100	60	
		第二类车 RM≤1 305 kg	1 000	100	60	
		第二类车 1 305 kg<RM≤1 760 kg	1 810	130	75	
		第二类车 1 760 kg<RM	2 270	160	82	
国ⅥA	2020.7.1		700	100	60	PM 4.5
国ⅥB	2023.7.1		500	50	35	PM 3

＊第一类车指包括驾驶员座位在内,座位数不超过 6 座,且最大总质量不超过 2 500 kg 的轻型汽车;第二类指除第一类车以外的其他轻型汽车。

＊RM 为汽车基准质量。

2.3.5 检测车辆噪声

汽车噪声主要包括:发动机的机械噪声,燃烧噪声,进、排气噪声和风扇噪声;底盘的机械噪声、制动噪声和轮胎噪声;车厢振动噪声,货物撞击噪声,喇叭噪声等。GB 7258—2012《机动车运行安全技术条件》和GB/T 14365—1993《声学机动车辆定置噪声测量方法》分别对汽车车内噪声及定置噪声作了规定(表2.4),使用的设备是声级计(图2.16)。

表2.4 汽车定置噪声限值

车辆类型	燃料种类		限值/dB
轿车	汽油		85
微型客车、货车	汽油		88
轻型客车、货车、越野车	汽油	发动机额定转速≤4 300 r/min	92
		发动机额定转速>4 300 r/min	95
	柴油		98
中型客车、货车,大型客车	汽油		95
	柴油		101
重型货车	发动机额定功率≤147 kW		99
	发动机额定功率>147 kW		103

(1)驾驶员耳旁噪声检测

车辆处于静止状态,变速器置于空挡,发动机处于额定转速状态。车辆门窗紧闭,声级计位于图2.17所示位置,话筒朝向车辆前进方向。汽车驾驶员耳旁噪声声级应不大于86 dB(A)。

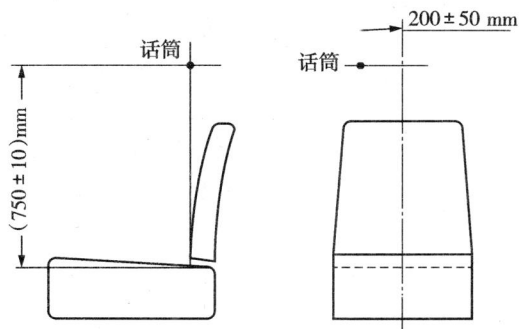

图2.16 声级计   图2.17 驾驶员耳旁噪声检测点

(2)喇叭声级

喇叭声级在距车前2 m、离地高1.2 m处,用声级计测量时,其值应为90~115 dB(A)。喇叭声级应测量两次以上,并注意监听喇叭声是否悦耳。

（3）排气噪声测量

声级计位于车辆外侧，与排气口等高，与气流方向成45°±10°夹角，距排气口0.5 m并朝向排气口。发动机稳定在3/4额定转速±50 r/min然后减速到怠速过程中，记录下最高声级。

（4）发动机噪声测量

声级计位于没有驾驶员的一侧，距车辆外廓0.5 m，距地面0.5 m高，位于前轴平面内（前置发动机）。发动机从怠速加速到3/4额定转速±50 r/min的转速，并保持必要长的时间。测量并记录该过程中的最高声级。

检测噪声

测量过程中，背景噪声应比被测噪声低10 dB(A)以上，风速不超过2 m/s。每个测点重复进行试验，直到连续出现3个读数的变化范围在2 dB之内为止，并取其算术平均值作为测量结果。

2.3.6 读取故障码

汽车的电子控制系统都有故障自行诊断功能，可采用故障诊断仪来读取故障码。

现代汽车电子控制系统的控制电路上都设置有一个专用的故障诊断插座，通过线路与ECU连接。将适用于被检测车型的微机故障检测仪与汽车上的故障诊断插座连接，打开点火开关（ON），就可以从微机故障诊断仪的显示屏上读出所有储存在ECU中的故障码。查阅该车型的维修手册，就可以知道这些故障码所表示的故障内容和可能的故障原因。

读取故障码

常见的微机故障诊断仪如图2.18所示。

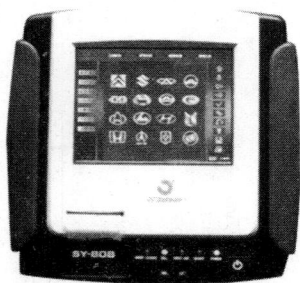

图 2.18　微机故障诊断仪

❓回答下列问题

1. 影响发动机气缸压力的因素有哪些？

_____

_____

_____

2. 阅读分析第9页情景描述,老洪需要对郭先生的车进行仪器检测吗? 为什么?

_____

_____

_____

项目2 学生学习目标检查表

你是否在教师的帮助下成功地完成项目学习目标所设计的学习活动	
	肯定回答
专业能力	
执行车辆技术状况的静态检查	
执行车辆技术状况的路试检查	
执行车辆技术状况的性能指标检测	
关键能力	
你是否根据已有的学习步骤、标准完成资料的收集、分析、组织	
你是否能标准、有效和正确地进行交流	
你是否按计划有组织地活动? 是否沿着学习目标努力	
你是否尽量利用学习资源完成学习目标	

完成情况

　　所有上述表格必须是肯定回答。如果不是,应咨询教师是否需要增加学习活动,以达到要求的技能。

教师签字_____

学生签字_____

完成时间和日期_____

项目 3

实施二手车价格评估与报告出具

项目学习目标

通过本项目的学习,应具备采用适当的评估方法合理评估二手车价格并规范撰写二手车鉴定评估报告书的能力。其具体表现为:

(1)能够使用重置成本法评估二手车价格;

(2)能够使用现行市价法评估二手车价格;

(3)能够使用清算价格法评估二手车价格;

(4)能够使用收益现值法评估二手车价格;

(5)能够选用合适的方法评估二手车价格;

(6)能够规范撰写二手车鉴定评估报告。

项目学习资源

有关二手车和二手车鉴定评估的资料,可查询文字或电子文档如下:

(1)二手车交易和行业组织网页;

(2)各种介绍二手车鉴定评估的书籍;

(3)有关二手车市场管理及车辆报废的法律与法规。

可提供学习的环境和使用的设备

(1)车间或模拟车间;

（2）二手车接待或模拟二手车接待工作环境；

（3）安全的工作环境和工作场所；

（4）整车车辆；

（5）二手车鉴定评估的必要技术文件。

项目学习任务

任务3.1　重置成本法评估二手车价格

任务3.2　现行市价法评估二手车价格

任务3.3　清算价格法评估二手车价格

任务3.4　收益现值法评估二手车价格

任务3.5　二手车评估方法综合选用

任务3.6　撰写二手车鉴定评估报告书

学生学习目标检查表

任务 3.1 重置成本法评估二手车价格

学习目的

（1）知道重置成本法的原理；

（2）能够计算二手车的重置成本；

（3）能够选用合适的方法计算二手车的成新率。

学习信息

3.1.1 重置成本法评估原理

重置成本法是指在现时市场条件下,用重新购置一辆全新状态的被评估车辆所需的全部最低成本（即重置成本）,减去被评估车辆的各种陈旧性贬值后的差额作为被评估车辆现时价格的评估方法。其评估思路可概括为式（3.1）：

$$\begin{array}{c}\text{被评估车辆}\\\text{评估值}\end{array}=\begin{array}{c}\text{重置}\\\text{成本}\end{array}-\begin{array}{c}\text{被评估车辆}\\\text{实体性贬值}\end{array}-\begin{array}{c}\text{被评估车辆}\\\text{功能性贬值}\end{array}-\begin{array}{c}\text{被评估车辆}\\\text{经济性贬值}\end{array} \qquad (3.1)$$

（1）相关术语解释

1）被评估车辆的实体性贬值

①定义。被评估车辆的实体性贬值是指二手车在存放和使用过程中,由于物理和化学原因（即自然力的作用）而导致的车辆实体发生的价值损耗,也即由有形损耗所引起的价值降低。二手车一般都不是全新状态,因而或多或少都存在实体性贬值。

②评估作用。衡量实体性贬值,可通过车辆的新旧程度、包括表面和内部部件的损耗程度（即有形损耗率）来判断。一辆全新状态的车辆、其有形损耗率为"零",而一辆完全报废的车辆,其有形损耗率为 100% ,处于其他状态下的车辆其有形损耗率则位于两者之间。

2）功能性贬值

①定义。功能性贬值是由于科学技术的发展而导致的车辆贬值,是一种无形损耗,又可细分为一次性功能贬值和营运性功能贬值。一次性功能贬值是由于技术进步引起劳动生产率的提高,现在再生产制造与原功能相同的车辆的社会必要劳动时间减少、成本降低而造成的原车辆贬值。

②评估作用。营运性功能贬值是由于技术进步,出现了新的、性能更优的汽车,致使原

有车辆的功能相对新车型已经落后而引起的原车辆贬值,具体表现为原有车辆在完成相同工作任务的前提下,在燃油等方面的消耗增加,从而形成一部分额外运营成本。

3)经济性贬值

①定义。经济性贬值也是一种无形损耗,是指由于外部经济环境变化所造成的车辆贬值。外部经济环境包括宏观经济政策、市场需求、市场竞争、通货膨胀和环境保护等。例如国家提高对汽车排放标准的要求,实施国Ⅵ排放标准,则原来执行国Ⅴ排放标准的在用车就会因此而贬值。

②评估作用。外界因素对车辆价值的影响不仅是客观存在的,而且对车辆价值影响还相当大,因而在二手车评估中不可忽视。

(2)重置成本法实际计算方法

在重置成本法看来,任何一个理性精明的消费者在购买二手车时,他所愿意支付的价钱绝对不会超过按现时市场标准重新购置该车所付出的最低成本减去各种损耗贬值后的剩余价值,而不管该车的原拥有者当初在购买该车时花费了多少金额。

重置成本法既考虑了二手车使用历史和环境因素对二手车价值的影响,又将新车市场的现行市场价格作为二手车价格评估的参照,评估结果比较全面、客观、符合市场规律,能让人信服和易于接受,是一种适用性强并在实践中被广泛采用的基本评估方法。但将式(3.1)应用在实际估价中却比较困难,因为不容易获得二手车各种损耗及贬值的准确参数,无法直接计算它们的数值。有关损耗和贬值的估算,目前主要使用的是成新率法,用成新率来综合反映使用过的物品的损耗和贬值,将式(3.1)改写为:

$$P = B \times C \tag{3.2}$$

式中　　P——被评估车辆的评估值;

　　　　B——被评估车辆的现时重置成本;

　　　　C——被评估车辆的现时成新率。

这是一种定性和定量相结合的评估方法,比较符合中国人评判二手物品的思维模式,因此目前是我国二手车评估市场上应用最广的一种评估方法。

3.1.2　重置成本价格估算

被评估车辆重置成本是在现行市场条件下重新购买一辆与被评估车辆相同的全新车辆所支付的全部、最低货币总额。具体来说,又分为复原重置成本和更新重置成本两种。

复原重置成本是指用与被评估车辆相同的材料、制造标准、结构设计及技术水平等,以现时市场价格重新构建与被评估车辆完全相同的全新车辆所发生的全部成本。更新重置成本是指利用新型材料、新技术标准和新型设计等,以现时市场价格构建具有相同或相似功能的全新车辆所支付的全部成本。

一般情况下,在选择重置成本时,应优先选择更新重置成本。在不存在更新重置成本的时候,再考虑采用复原重置成本。此外无论更新重置成本还是复原重置成本,立足的都是被评估车辆的现行市价,与原购置价格关系不大。

对二手车评估来说,计算重置成本一般采用以下两种方法:

(1)重置核算法

重置核算法即是利用成本核算原理,将重新取得一辆与被评估车辆车型和功能一样的新车所需的费用逐项累加,以得到被评估车辆的重置成本式(3.3),即

$$B = B_1 + B_2 \tag{3.3}$$

式中　B——被评估车辆重置成本全价;

　　　B_1——直接成本,即购置全新车辆的现行市场成交价,可通过新车市场询价确定;

　　　B_2——间接成本,即购置车辆时所支付的购置税、牌照费等一次性缴纳的各种规费,但不包括车辆成交后使用阶段的年审费、车船税、保险费等各项税费。

思政小窗口

关注购置税,了解国家经济政策

购置税是由税务机关征收的购置税制设置范围内相关财物的行为和财产征收的税收,消费者最常接触的就是车辆购置税。

现行车辆购置税法的基本法规,是从2001年1月1日起实施的《中华人民共和国车辆购置税暂行条例》。车辆购置税的纳税人为购置(包括购买、进口、自产、受赠、获奖或以其他方式取得并自用)应税车辆的单位和个人,征税范围为汽车、摩托车、电车、挂车、农用运输车,税率为10%。

从2015年10月1日起,1.6 L及以下小排量乘用车减半征收购置税的政策正式实施。受新政影响,黄金周多地车市小排量车销售火爆。以一台10万元的家用轿车计算,购置税减半的政策可以直接为购车者省下4 000元左右,实打实的优惠推高了小排量车的销售热度。2018年1月1日起,1.6 L及以下小排量乘用车减半征收购置税的政策正式结束,恢复至10%。

在美国汽车市场上,销售的经济型车占总销量的60%左右。虽然美国没有针对排放量的税收政策,但是美国鼓励柴油车和混合动力车的消费。比如,联邦税务局对混合动力车的用户提供最高可达3 500美元的税务减免,此外还有州政府的税费优惠。在日本,普通轿车要交纳5%的购置税,而微型车只需要交3%。

可见,在世界各国,购置税都是政府调节汽车市场的指挥棒,可以很好地起到引导消费的作用。

在获取上述价格资料时,还应注意以下问题:

1)价格的时效性

价格资料和市场信息一般只反映一定时间的价格水平,尤其是机动车价格变化较快,规费受国家政策影响较大。评估时要特别注意所用价格资料是否能反映评估基准日的价格水平,尽可能避免使用过时的价格资料。

2）价格的地域性

机动车销售价格受交易地点的影响也较大，不同的地区由于市场环境不同，消费水平有差距，交易条件不尽相同，所以机动车的售价也不完全一样。评估时，应该使用评估对象所在地的价格资料，或者参考邻近地区的价格进行修正。

3）价格的可靠性

一般从网上及其他公共媒体获得的价格资料只能属于参考价格，使用时应以审慎的态度对其进行必要的核实。而从汽车销售市场直接获得的现时价格，可靠性相对较高。

在实际工作中，根据鉴定评估的经济行为确定重置成本全价时，需要针对具体情况进行处理。对于以所有权转让为目的的二手车交易经济行为，为了鼓励和促成二手车交易，在确定重置成本全价时按最小原则计算，即按评估基准日被评估车辆所在地收集的现行市场成交价格作为被评估车辆的重置成本全价，其他费用略去不计。对企业产权变动的经济行为，如企业合资、合并、清算等，本着资本保全的原则确定重置成本，其重置成本全价除了考虑被评估车辆的现行市场购置价格外，还应将国家和地方政府规定对车辆加收的其他税费一并计入。

（2）物价指数法

物价指数法也叫价格指数法，是根据已掌握的历年来的价格指数，在被评估车辆原始成本的基础上，通过现时物价指数确定其重置成本式（3.4），即

$$B = B_0 \times \frac{I}{I_0} = B_0 \times (1 + \lambda) \tag{3.4}$$

式中　B——被评估车辆重置成本；

　　　B_0——被评估车辆原始成本；

　　　I——评估基准日物价指数；

　　　I_0——当初购买被评估车辆时的物价指数；

　　　λ——车辆价格变动指数，是车辆历年价格变动趋势和速度指标。

物价指数通常用百分数来表示，以 100% 为基础。当物价指数大于 100% 时，表明物价上涨；物价指数低于 100% 时，表明物价下降。物价指数又分为定基物价指数和环比物价指数。定基物价指数是以固定时期为基础的指数，环比物价指数是以上一期的物价指数为基础的物价指数，如表 3.1 所示。

表 3.1　近年来物价指数

年　份	2015	2016	2017	2018	2019
定基物价指数/%	100	102	106	108	110
环比物价指数/%	—	102	103.9	101.9	101.9

如果 2016 年购置某汽车，原始成本为 4.2 万元，则 2019 年该车的重置成本计算如下：

使用定基物价指数：

$$B = B_0 \times \frac{I}{I_0} = 4.2 \times \frac{110\%}{102\%} \approx 4.53(万元)$$

使用环比物价指数：

$$B = B_0 \times \frac{I_n}{I_0} = B_0 \times \frac{I_1}{I_0} \times \frac{I_2}{I_1} \times \cdots \times \frac{I_n}{I_{n-1}}$$
$$= 4.2 \times 103.9\% \times 101.9\% \times 101.9\% \approx 4.53(万元)$$

当被评估车辆已停产多年，或是早年进口的车辆，现在已无法找到现时市场价格时，物价指数法是一种很有用的方法。使用该方法计算重置成本时，不仅要检查被评估车辆的账面购买原价，物价指数和车辆价格变动指数还要选用国家统计部门、物价管理部门、行业协会或当地经济相关统计年鉴定期发布和提供的数据。

重置成本法定义及原理

3.1.3 成新率计算

成新率是反映二手车新旧程度的指标，表示二手车的功能、技术性能或使用价值占全新状态该车的功能、技术性能或使用价值的比例，即二手车的现时状态与全新状态的比例。成新率的估算方法通常有以下几种：

成新率定义

（1）使用年限法

1）计算方法

使用年限法是通过确定被评估二手车的尚可使用年限与规定使用年限的比值来确定二手车成新率的一种方法，其计算公式为：

$$C_Y = \frac{Y_g - Y}{Y_g} \times 100\% = \left(1 - \frac{Y}{Y_g}\right) \times 100\% \tag{3.5}$$

式中 C_Y——使用年限成新率；

Y——已使用年限，从车辆初次注册登记日期到评估基准日；

Y_g——规定使用年限，见1.1.4节。

使用年限法基于这样的假设：二手车在规定的使用寿命期间，实体性损耗与时间呈线性递增关系。使用年限法计算得到的成新率实际上反映的是车辆的时间损耗及时间折旧率，与车辆的日常使用强度和车况无关。因此使用年限法计算成新率的前提条件是车辆在正常使用条件下，按正常使用强度（年平均行驶里程）使用，否则应适当乘以一定的系数。我国各类汽车年平均行驶里程见表3.2。

表3.2 我国各类汽车年平均行驶里程

汽车类别	年平均行驶里程/万千米	汽车类别	年平均行驶里程/万千米
微、轻型货车	3～5	中、重型货车	6～10
私家车	1～3	公、商务用车	3～6
出租车	10～15	租赁车	5～8

在实际计算中,评估基准日通常并不恰好与注册登记日同日,如果以年为单位计算实际已使用年限,结果误差太大;如果以日为单位计算,工作量又较大。因此一般以月为单位计算实际已使用年限。

2)方法使用范围

使用年限法简单、易懂,应用方便。但是即使车辆处于正常使用条件下,使用年限法也不能完全准确反映二手车的实际使用损耗,因此该方法是从理论上对二手车成新率进行定量计算。

年限法计算成新率

(2)行驶里程法

1)计算方法

行驶里程法是通过确定被评估车辆的尚可行驶里程与规定行驶里程的比值来确定二手车成新率的一种方法,其计算公式为:

$$C_S = \frac{S_g - S}{S_g} \times 100\% = \left(1 - \frac{S}{S_g}\right) \times 100\% \tag{3.6}$$

式中　C_S——行驶里程成新率;

　　　S——被评估车辆实际累计行驶里程;

　　　S_g——规定行驶里程,见1.1.4节。

2)方法使用范围

行驶里程法较真实地反映了二手车的使用强度及使用过程中的实际物理损耗。然而,行驶里程法并不能反映路面等使用环境对车辆性能的影响,更重要的是没有考虑篡改里程表这一个不可忽视的现象,车辆里程表的记录无法确保原始、准确,故此在实际应用中,行驶里程法确定的成新率仅仅是参考,较少直接采用此方法进行评估。

里程法计算成新率

(3)部件鉴定法

1)计算方法

部件鉴定法也称技术鉴定法,是指评估人员在确定被评估车辆各组成部分技术状况的基础上,按各组成部分对整车的重要性和价值量大小加权评分,最后确定整车成新率的一种方法。其计算公式为:

$$C_T = \sum_{i=1}^{n} (c_i \times \beta_i) \tag{3.7}$$

$$\sum_{i=1}^{n} \beta_i = 1 \tag{3.8}$$

式中　C_T——部件鉴定法成新率;

　　　C_i——第i项部件的成新率;

　　　β_i——第i项部件的价值权重。

使用部件鉴定法评估二手车成新率的步骤如下:

①确定二手车各主要总成、部件,根据各部分的制造成本占整车制造成本的比重确定其

权重 β_i（在不同种类、档次的车辆中，各组成部分对整车的重要性及价值比重各不相同，可参考表3.3，但不作为唯一标准）。

表3.3　汽车各部分划分及价值权重参考表

序　号	车辆各主要总成、部件	价值权重/%		
		轿　车	客　车	货　车
1	发动机及离合器总成	26	27	25
2	变速器及万向传动装置总成	11	10	15
3	前桥、前悬架及转向系统总成	10	10	15
4	后桥及后悬架总成	8	11	15
5	制动系统	6	6	5
6	车架	2	6	6
7	车身	26	20	9
8	电气仪表	7	6	5
9	轮胎	4	4	5
合　　计		100	100	100

②根据被评估车辆各总成、部件的技术状态，依次估算其相应的成新率 C_i。若某部分功能与全新车辆对应的功能相同则该部分成新率为100%。若其功能完全丧失则成新率为0。其余状态则在100%~0取值。

③将各总成、部件的成新率与相应的权重相乘，得到各总成、部件的权重成新率（$C_i \times \beta_i$）

④最后将各总成、部件的权重成新率相加。

例如，某车部件鉴定法成新率估算明细表见表3.4。

表3.4　部件鉴定法成新率估算明细表

序号	①车辆各主要总成、部件	②价值权重 β_i /% （参照表3.3）	③成新率 C_i /% （车况检查）	④加权成新率 $C_i \times \beta_i$
1	发动机及离合器总成	26	72	26%×72%=18.72%
2	变速器及万向传动装置总成	11	72	11%×72%=7.92%
3	前桥、前悬架及转向系统总成	10	72	10%×72%=7.20%
4	后桥及后悬架总成	8	72	8%×72%=5.76%
5	制动系统	6	72	6%×72%=4.32%
6	车架	2	72	2%×72%=1.44%

续表

序号	①车辆各主要总成、部件	②价值权重 β_i /%（参照表3.3）	③成新率 C_i /%（车况检查）	④加权成新率 $C_i \times \beta_i$
7	车身	26	70	26% × 70% = 18.2%
8	电气仪表	7	72	7% × 72% = 5.04%
9	轮胎	4	50	4% × 50% = 2%
合　计		100		⑤成新率 $\sum (c_i \times \beta_i)$ = 18.72% + 7.92% + 7.20% + 5.76% + 4.32% + 1.44% + 18.2% + 5.04% + 2% = 70.6%

2）方法使用范围

部件鉴定法不仅考虑了二手车的实际损耗，同时还考虑了二手车维修或换件等追加投资使车辆价值发生的变化，其评估值更接近客观实际，可信度高。然而在实际计算时，要求专业技术人员对部件依次进行技术鉴定和计算，较为费时费力；在确定各部件、总成成新率时，评估人员的主观因素影响较大，对评估人员的经验和评估水平要求较高。因此这种方法通常用于价值较高的二手车评估。

部件法计算成新率

（4）整车观测法

1）计算方法

整车观测法又叫"经验法"是指评估人员采用人工观察的方法，辅以简单的仪器检测，来判定被评估车辆的技术等级，从而确定其成新率的一种方法。整车观测法关注的技术指标主要包括二手车的现时技术状态、使用时间及行驶里程、主要故障经历及大修情况、整车外观和完整性等。二手车技术状况等级划分可参考表3.5。

经验法计算成新率

表3.5所示数据是判定二手车成新率的经验数据，仅供参考，不能作为唯一标准。

表3.5　二手车技术状况等级划分参考表

车况等级	新旧情况	有形损耗率/%	技术状况描述	成新率 C_v/%
1	使用不久	0 ~ 10	刚使用不久，行驶里程一般在3万~5万千米，在用状态良好，能按设计要求正常使用	90 ~ 100
2	较新车	11 ~ 35	使用1年以上，行驶里程在15万千米左右，一般没有经过大修，在用状态良好，故障率低，可随时出车使用	65 ~ 89

续表

车况等级	新旧情况	有形损耗率/%	技术状况描述	成新率 C_V/%
3	旧车	36～60	使用4～5年,发动机或整车经过大修一次,大修较好地恢复了原设计性能,在用状况良好,外观中度受损,恢复情况较好	40～64
4	老旧车	61～85	使用5～8年,发动机或整车经过两次大修,动力性、经济性、工作可靠性都有所下降,外观油漆脱落受损,金属件锈蚀程度明显;故障率上升,维修费用、使用费用明显上升,但车辆符合《机动车安全技术条件》,在用状态一般或较差	15～39
5	待报废车	86～100	基本达到或达到使用年限,通过《机动车安全技术条件》检查,能使用但不能正常使用,动力性、经济性、可靠性下降,燃料费、维修费、大修费增长速度快,车辆收益与支出基本持平,排放污染和噪声污染达到极限	15 以下

2)方法使用范围

整车观测法简单易行,但其成新率的估值是否客观、实际取决于评估人员的专业水平和评估经验,人为因素很大,准确性有限,故一般用于初步估算中、低档二手车的价格,或用于二手车收购估价,或作为综合分析法的辅助手段以确定车辆的技术状态调整系数。

(5)综合调整系数法

1)计算方法

综合调整系数法又叫综合分析法,是以使用年限法为基础,综合考虑被评估车辆的实际技术状况、维护保养情况、原车制造质量、用途及使用条件等多种因素对被评估车辆价值的影响,以调整系数形式确定成新率的一种方法。其计算公式为:

$$C_K = C_Y \times K \times 100\% \tag{3.9}$$

式中　C_K——综合调整系数成新率;

　　　C_Y——使用年限法成新率;

　　　K——综合调整系数,$K = \sum_{i=1}^{n} f_i \beta_i$,$0 \leq K \leq 1$ 且 $\sum_{i=1}^{n} \beta_i = 1$。

计算综合调整系数 K 时,先确定影响被评估车辆综合调整系数的因素,并确定各影响因素的权重 β_i;然后根据被评估车辆的实际情况,依次选取各影响因素相应的调整系数 f_i(可采用表3.6推荐的综合调整系数主要影响因素调整系数及各因素权重);将各影响因素调整系数与相应的权重相乘($f_i \times \beta_i$),最后将乘积相加得到综合调整系数。

表 3.6　二手车成新率综合调整系数参考表

序　　号	影响因素	因素分级	调整系数	权重 β /%
1	技术状况 K_1	好	1.0	30
		较好	0.9	
		一般	0.8	
		较差	0.7	
		差	0.6	
2	维护保养 K_2	好	1.0	25
		较好	0.9	
		一般	0.8	
		差	0.7	
3	制造质量 K_3	进口车	1.0	20
		国产名牌车	0.9	
		国产非名牌车	0.8	
4	车辆用途 K_4	私用	1.0	15
		公务、商务	0.9	
		营运	0.7	
5	使用条件 K_5	好	1.0	10
		一般	0.9	
		差	0.8	

表 3.6 中的因素分级和调整系数只是一个参考,实际确定综合调整系数时,应根据具体情况(例如,有无换件或大修等)进行适当调整。

2)方法使用范围

综合调整系数法较为详细地考虑了影响二手车价值的各种因素,并用一个综合调整系数来调整二手车成新率,评估值的准确度较高,因而适用于具有中等价值的二手车,且是二手车鉴定评估最常用的的方法之一。

3)重置成本法-综合调整系数法评估实例

某单位一辆非运营商用车,2021 年 6 月 15 日到某江铃汽车专卖店要求置换新车,以下是鉴定评估师对该车的检查和鉴定情况:

①基本资料。

车型:江铃双排座标准轻型卡车。

型号:JX1030D。

初次登记时间:2017 年 6 月。

使用性质:非运营单位车。

②手续检查。

各种税费、证件齐全有效。

③静态检查。

该车整车无大的碰撞，但前面板和车门有局部剐蹭，虽经修补但色差较为明显；车厢后挡板破损严重，需更换锁钩并做钣金校型；发动机舱泥土较多，但发动机无窜油迹象，观察底部发现曲轴后油封漏油需更换；驾驶室内各电器仪表工作正常，卫生状况较差，换挡杆护套、椅套破损严重，需更换。

④动态检查。

该车启动正常，发动机运转平稳，空调制冷效果良好，二、三档提速较好，方向无跑偏现象；制动力较弱，疑是制动总泵损坏。

⑤综合评定。

江铃轻型卡车是江铃汽车的主力车型。该车秉承了五十铃系列车的优良特性，整车性能稳定，结实耐用；江铃4JB1发动机动力澎湃，经济省油，维修方便，品牌认知程度高，新车、二手车均受消费者青睐。

该车原产权单位为道路施工企业，车辆的日常工况及维护保养都比较差。该车整车性能无明显降低，但整车修复预计费用为2 000元左右。

⑥鉴定评估。

根据上述技术鉴定认为，收购该车需要进行一些项目维修和换件后，才能投入正常使用。鉴于这种情况，拟采用重置成本-综合调整系数法进行鉴定评估。

a.计算重置成本：经市场询价，现新车售价为64 600元，加上购置税和上牌等费用，该车重置成本全价 $B = 64\ 000 + \dfrac{64\ 000}{1.17} \times 10\% \approx 70\ 000$（元）。

b.估算成新率：根据《机动车强制报废标准规定》，该车规定使用年限10年（120个月），从初次登记日（2017年6月）到评估基准日（2021年6月）已使用4年（48个月）

$$C_Y = \left(1 - \frac{48}{120}\right) \times 100\% = 60\%$$

该车实际技术状况较差，综合调整系数：

$$K = 0.8 \times 0.3 + 0.7 \times 0.25 + 0.9 \times 0.2 + 0.9 \times 0.15 + 0.8 \times 0.1 = 0.81$$

$$C_K = 60\% \times 0.81 = 48\%$$

c.计算评估值：

$$P = 70\ 000 \times 48\% = 33\ 600\text{（元）}$$

d.减去维修费用2 000元，该车最后评估定价为33 600 - 2 000 = 31 600（元）

（6）综合成新率法

1）计算方法

综合成新率法是指采用定性和定量分析的方法，综合多种单一因素对二手车成新率的计算结果，并分别赋予不同的权重，计算加权平均成新率作为被评估车辆成新率的方法。其

计算公式为

$$C_c = C_1 \times \alpha_1 + C_2 \times \alpha_2 = (C_Y \times \beta_1 + C_S \times \beta_2) \times \alpha_1 + C_2 \times \alpha_2 \qquad (3.10)$$

且

$$\alpha_1 + \alpha_2 = 1 \quad \& \quad \beta_1 + \beta_2 = 1 \qquad (3.11)$$

式中　C_C——被评估车辆综合成新率；

　　　C_1——理论成新率；

　　　C_2——现场勘查成新率；

　　　C_Y——使用年限成新率，由式 3.5 计算得到；

　　　C_S——行驶里程成新率，由式 3.6 计算得到；

　　　$\alpha_1, \alpha_2, \beta_1, \beta_2$——相应部分的权重系数。

　　理论成新率包括使用年限成新率和行驶里程成新率，是根据车辆实际使用时间和行驶里程计算而得，反映了二手车理论上的剩余价值，是对二手车成新率的定量计算，其结果一般不会因人而异。权重系数 β_1、β_2 的大小根据二手车实际现状确定，例如，二手车虽然使用年限长，但行驶里程小，则 β_2 可取得大些。

　　现场勘查成新率是评估人员对二手车作技术状况现场查勘（包括项目 2 的静态检查和动态检查）得出鉴定评估意见，再对整车和重要部件分别作综合评分（参考表 3.7），累加评分而得到的一个定性、定量相结合的结果。

表 3.7　二手车成新率评定表

序　号	项目名称	达标程度	参考标准分
1	整车 （满分 20 分）	全新	20
		良好	15
		较差	5
2	车架 （满分 15 分）	全新	15
		一般	7
3	前后桥 （满分 15 分）	全新	15
		一般	7
4	发动机 （满分 30 分）	全新	30
		轻度磨损	25
		中度磨损	17
		重度磨损	5
5	变速器 （满分 10 分）	全新	10
		轻度磨损	8
		中度磨损	6
		重度磨损	2

续表

序　号	项目名称	达标程度	参考标准分
6	转向及制动系统 （满分10分）	全新	10
		轻度磨损	8
		中度磨损	5
		重度磨损	2
总分（现场勘查成新率%）			100

2）方法使用范围

综合成新率法可以尽量减少使用单一因素成新率计算给评估结果带来的误差，是一种较为科学的方法。但是理论成新率和现场勘查成新率的权重、使用年限成新率和行驶里程成新率的权重分配，要根据被评估车辆的使用状况、维护保养状况等具体情况做到科学、合理，这与二手车鉴定评估人员的实践工作经验和专业判断能力有很大关系。

3）重置成本法-综合成新率法评估实例

2021年8月内蒙古某通信公司委托当地一会计事务所对其欲处置的越野车进行评估。车辆概况：车牌号蒙L×××××，车型SY6460TAD，发动机号×××××××××，车架号×××××××××××××××××，乘员数（包括驾驶员）5人，生产商通用汽车公司，登记日期2016年8月。试采用重置成本法-综合成新率法评估其价值。

①重置成本全价的确定

a. 现行购置价的确定：经当地市场询价，越野车的市场售价为19万元。

b. 车辆购置税及相关税费：车辆购置税 $= \dfrac{190\,000}{1+17\%} \times 10\% \approx 16\,200$（元），证照费、检车费600元。

c. 重置成本全价 $B = 190\,000 + (16\,200 + 600) = 206\,800$（元）

②成新率的确定。

a. 计算理论成新率 C_1。由于该车里程表损坏，所以理论成新率 C_1 直接由使用年限法成新率计算而得。该车登记日期为2016年8月，评估基准日为2021年8月，已使用5年，根据国家《机动车强制报废标准规定》，小型越野车的规定使用年限为15年，所以：

$$C_1 = C_Y = \left(1 - \frac{\text{已使用年限}}{\text{规定使用年限}}\right) \times 100\% = \left(1 - \frac{5}{15}\right) \times 100\% = 67\%$$

b. 计算现场勘查成新率 C_2。评估人员在现场对该车的勘查中，分别对车辆的发动机、底盘、车身、内饰及电气系统进行鉴定打分，现场勘查分数详见表3.8。

表 3.8　现场勘查分数

项　目	鉴定标准	鉴定情况	评定分数
发动机、离合器总成	35 分	燃油消耗超标,−10 分 其他情况一般	15 分
前桥总成	8 分	操作较灵活及准确 其他均正常	5 分
后桥总成	10 分	基本符合要求	6 分
变速器总成	8 分	符合要求	6 分
车架总成	14 分	符合要求	10 分
车身总成	15 分	有脱漆、锈蚀现象 车辆维护一般	5 分
轮胎	2 分	中度磨损	1 分
其他	8 分	工作状况一般	3 分
合计	100 分		51 分

所以现场勘查成新率 $C_2 = \dfrac{现场勘查打分值}{100} = 51\%$

c. 取权重系数 $\alpha_1 = 0.4, \alpha_2 = 0.6$,则综合成新率:

$$C_C = C_1 \times \alpha_1 + C_2 \times \alpha_2 = 67\% \times 0.4 + 51\% \times 0.6 = 55\%$$

③评估值的确定

评估价格 = 重置全价 × 综合成新率 = 206\,800 × 55\% ≈ 113\,700(元)

回答下列问题

1. 选择合适的内容填入括号为,使下列说法成立。

(1)国家政策对二手车评估值的影响主要是(　　　)。

　　a. 功能性贬值　　b. 各种陈旧性贬值　　c. 实体性贬值　　d. 经济性贬值

(2)二手车复原重置成本是指(　　　)所需的成本。

　　a. 在现时条件下,购置排量相同的车辆

　　b. 在原来购车时,购置采用新工艺、新标准、新设计的功能基本相同的车辆

　　c. 在现时条件下,购置与原车使用工艺、标准、设计的功能基本相同的车辆

　　d. abc 都不是

(3)一辆二手车的重置成本价是指(　　　)。

　　a. 二手车的售卖价格　　　　　　　　b. 二手车的收购价格

　　c. 现行公开市场上的新车价格　　　　d. 二手车拍卖价格

（4）采用重置成本法评估二手车时，一般使用的是（　　）。

    a. 折旧成本　　　　b. 更新重置成本　　　　c. 复原重置成本　　d. 税后成本

（5）用使用年限法求成新率，一般适用于（　　）的评估。

    a. 价值中等的车辆　　　　　　　　b. 价值低的老旧车辆

    c. 价值很高的车辆　　　　　　　　d. 价值特别高的车辆

2. 某人于 2015 年 1 月花 23.5 万元购置一辆帕萨特轿车作为私家用车，于 2020 年 10 月在本地二手车市场交易，该车初次登记日期为 2015 年 2 月，累计行驶 9.0 万千米，使用条件较好，保养维修较好，动态检查情况一般，2020 年该车的市场新车价格为 20.8 万元，用综合分析法确定成新率并估算该车价格。

_____

_____

_____

_____

_____

_____

3. 2014 年 2 月一人购得一辆全顺 11 座客车并上牌。该车属改进型金属漆，经市场调查得知全新普通漆全顺 11 座客车市场销售价格为 12.8 万元，而金属漆比普通漆高出 6 000 元，该车综合调整系数取为 0.75，评估该车在 2021 年 2 月的市场价格。

_____

_____

_____

_____

_____

_____

_____

⚡ 完成下列任务

请利用下列任务单七《重置成本法计算车辆价格》，使用重置成本法对郭先生的车（第 9 页情景描述）进行价格评估。使用不同的方法计算成新率，选择一种成新率计算评估值并分析该选择的合理性。

任务单七　重置成本法计算车辆价格

（1）重置成本 B 计算

_____

_____

_____

（2）成新率 C 计算

①使用年限法：_____

_____

②行驶里程法：_____

_____

③部件鉴定法：_____

_____

④整车观测法：_____

_____

⑤综合分析法：_____

_____

_____

⑥综合成新率法：_____

_____

_____

（3）评估值计算

_____

_____

_____

（4）合理性分析

_____

_____

_____

_____

任务 3.2　现行市价法评估二手车价格

学习目的

（1）知道现行市价法的原理；

（2）认识影响现行市价的因素；

（3）能够实施现行市价法的评估步骤。

学习信息

3.2.1　现行市价法评估原理

现行市价法又叫市场法、市场价格比较法，是以市场最近售出的类似车辆为参照车辆，将被评估车辆与参照车辆的构造、功能、行驶里程、使用年限、新旧程度等进行比较，找出两者的差别及其在价格上所反映的差额，经过适当调整，最终计算出被评估车辆的价格。

现行市价法能够客观反映二手车当前的市场状况，原理简单直接，结果易于理解、接受，因此是二手车价格评估最常用的方法之一。不过该方法需要有公开活跃的市场环境，可比因素多而复杂，在我国尚不完善的二手车市场里，施行起来有一定困难。

现行市价法定义、
原理及现实意义

3.2.2　现行市价价格估算

运用现行市价法确定单台车辆的价值通常采用直接比较法和类别调整法。

（1）直接法

直接比较法是指在市场上找到与被评估车辆完全相同的车辆的现行市价，并依其价格直接作为被评估车辆的评估价格的一种方法。直接比较法的评估公式为：

$$P = P'\qquad\qquad(3.12)$$

式中　P——评估值；

　　　P'——参照车辆的成交市价。

直接法适用于参照车辆与被评估车辆完全相同的情况下。所谓完全相同，是指车辆型号、使用条件和技术状况相同，生产和交易时间相近。通常情况下，寻找到这样的参照车辆是比较困难的。一般如果参照车辆与被评估车辆类别相同、主参数相同且结构性能相同,只有做局部改动且改动的价值量很小的车辆,可作为评估过程中的参照车辆。

(2)类比法

类比法是指评估车辆时,在公开市场上找不到与之完全相同但与之类似的车辆,此时以此类似车辆为参照车辆,并根据车辆技术状态和交易条件的差异对价格作出相应调整,进而确定被评估车辆价格的评估方法。其计算公式为:

$$P = P' + P_1 - P_2 \tag{3.13}$$

式中　P——评估值;

　　　P'——参照车辆的成交价格;

　　　P_1——被评估车辆比参照车辆优异的价格差额;

　　　P_2——参照车辆比被评估车辆优异的价格差额。

使用类比法评估二手车的步骤如下:

①收集被评估车辆的相关资料,包括车辆的类别名称、车辆型号和技术性能参数、生产厂家和出厂年月、车辆用途、目前使用情况和实际技术状况、尚可使用年限等。

②按照可比原则,即规格型号、功能性能、配置、结构、新旧程度及交易条件等方面与被评估车辆不相上下,选取两辆以上的参照车辆。参照车辆与被评估车辆的可比因素主要体现在:车辆型号和生产厂家,车辆用途,车辆使用年限和行驶里程,车辆实际技术性能和技术状况,市场状况,交易动机和目的,成交数量和成交时间。

③对被评估车辆和参照车辆之间的差异进行分析、比较,并进行适当的量化。主要差异及量化方法体现在:

a.结构性能的差异及量化。例如对汽油机缸内直喷技术(GDI)与传统发动机相比,扭矩提高10%,加速性能提高5%,空载油耗下降40%;同品牌、同配置的自动挡通常比手动挡贵1万~2万元;营运汽车的性能差异可以表现为生产能力、生产效率和运营成本等方面的差异。

b.销售时间的差异与量化。选择参照车辆时,尽可能选择评估基准日成交的案例,否则可采用价格指数法将销售时间差异量化并调整。

c.新旧程度的差异及量化。评估人员需要取得参照车辆的成新率,并对被评估车辆作出技术状况鉴定后得到其成新率,则:

两者新旧程度的差异量=参照车辆价格×(被评估车辆成新率-参照车辆成新率)

d.销售数量的差异及量化。当被评估车辆是成批量交易时,以单辆汽车作为参照车辆是不合适的;反之亦然。销售数量的不同会造成成交价格的差异,必须对此差异进行分析,适当调整被评估车辆的价值。

现行市价法计算

e.付款方式的差异及量化。在二手车交易中,绝大多数为现款交易。银行按揭的二手

车与一次性付款的二手车价格差异由两部分组成:一是银行的贷款利息,由贷款年限确定;二是按揭保险费,由各保险公司规定。

④汇总各因素差异的调整值,并对参照车辆的成交市价进行调整,计算得被评估车辆的评估价格。

3.2.3　现行市价法评估实例

评估人员在对某营运汽车进行评估时,采用类比法,选择了3个近期成交的与被评估车辆类别、结构基本相同,技术经济参数相近的车辆作为参照车辆。被评估车辆及参照车辆的有关技术经济参数见表3.9。

表3.9　被评估车辆与参照车辆的有关技术经济参数

序　号	技术经济参数	参照车辆 A	参照车辆 B	参照车辆 C	被评估车辆
1	车辆交易价格	50 000 元	65 000 元	40 000 元	
2	销售条件	公开市场	公开市场	公开市场	公开市场
3	交易时间	6 个月前	2 个月前	10 个月前	
4	已使用年限	5 年	5 年	6 年	5 年
5	尚可使用年限	5 年	5 年	4 年	5 年
6	成新率	55%	75%	55%	70%

(1)对被评估车辆与参照车辆之间的差异进行比较、量化

1)销售时间的差异

收集市场资料,确定在评估基准日之前的一年内,物价指数大约每月上升0.5%左右。

A 车较被评估车辆早 6 个月,价格指数上升 3%,其差额为
$$50\ 000 \times 3\% = 1\ 500(元)$$

B 车较被评估车辆早 2 个月,价格指数上升 1%,其差额为
$$65\ 000 \times 1\% = 650(元)$$

C 车较被评估车辆早 10 个月,价格指数上升 5%,其差额为
$$40\ 000 \times 5\% = 2\ 000(元)$$

2)成新率的差异

A 车与被评估车辆由于成新率差异所产生的差额为
$$50\ 000 \times (70\% - 55\%) = 7\ 500(元)$$

B 车与被评估车辆由于成新率差异所产生的差额为
$$65\ 000 \times (70\% - 75\%) = -3\ 250(元)$$

C 车与被评估车辆由于成新率差异所产生的差额为
$$40\ 000 \times (70\% - 55\%) = 6\ 000(元)$$

（2）根据被评估车辆与参照车辆之间差异的量化结果确定被评估车辆的价格

与 A 车相比，初步评估被评估车辆价格为

$$P_A = 50\,000 + 1\,500 + 7\,500 = 59\,000(元)$$

与 B 车相比，初步评估被评估车辆价格为

$$P_B = 65\,000 + 650 - 3\,250 = 62\,400(元)$$

与 C 车相比，初步评估被评估车辆价格为

$$P_C = 40\,000 + 2\,000 + 6\,000 = 48\,000(元)$$

考虑到与 A、B、C 三车比较得到的初步评估结果相差较大，为减少误差，结合考虑被评估车辆与参照车辆的相似程度，采用加权平均法确定评估值。参照车辆 B 在交易时间和成新率上与被评估车辆非常接近，相似程度更大，因此取参照车辆 B 的加权系数为 60%。参照物 A 的交易时间、已使用年限及尚可使用年限比参照物 C 的相似程度更大，故取参照物 A 的加权系数为 30%。取参照物 C 的加权系数为 10%。加权平均后，被评估车辆的评估值为

$$P = P_A \times 30\% + P_B \times 60\% + P_C \times 10\% = 59\,940(元)$$

思政小窗口

发扬探索精神，了解二手车市场上的评估方法

影响二手车价格的主要因素有车辆状况、新车价格的波动、同类车辆在二手车市场库存多少、是否符合当地环保政策等。虽然如此，市场上仍有许多计算二手车价格的方法值得参考。

1."基本型"

"基本型"是以当前最便宜的那一款的时下车价为参考，在没有发生大改款的前提下，第一年的折旧率为 15% 左右，第二至第五年，每年递减 5%~8%。

2."54321 法"

这种方法一般认为一辆车的最多行程为 30 万千米，超过 30 万千米就失去了购买的意义。因此将其分为 5 段，每段 6 万千米，每段价值依次为新车价的 5/15、4/15、3/15、2/15、1/15。当然，如果二手车销售商在里程表上做过手脚，也可以根据使用年限来推断，一般认为一辆车的使用年限为 10 年，同样将其分为 5 段，后面的计算方法相同。

回答下列问题

选择合适的内容填入括号内，使下列说法成立。

（1）在用现行市价法评估二手车时，若参照车辆与被评估车辆完全相同，应使用（　　　）法进行评估。

　　a. 直接法　　　　　　b. 比较法与间接法　　　　c. 相似比较法　　　　d. 间接法

（2）在用市场价格比较法评估二手车时,参照物的价格应为(　　　)。

    a. 新车的报价　　　　　　　　　　　　　b. 预测的车价

    c. 新车的现行市价　　　　　　　　　　　d. 二手车市场的现行市价

（3）应用市场价格比较法评估二手车的价格,其必要条件是(　　　)。

    a. 公平和有效市场　　　b. 任何市场均可　　　c. 公平市场　　　d. 有效市场

（4）所谓近期,是指参照车辆的交易时间与被评估车辆评估基准日相近,一般应在(　　　)。

    a. 5 个月之内　　　　b. 3 个月之内　　　c. 半年之内　　　d. 一年之内

完成下列任务

利用互联网查询二手车交易信息,利用下方任务单八《现行市价法计算车辆价格》,使用现行市价法,对郭先生的车(第 9 页情景描述)进行价格评估。

任务单八　现行市价法计算车辆价格

（1）收集被评估车辆参数资料

_____

_____

_____

_____

（2）选择参照车辆

_____

_____

（3）对比参照车辆和被评估车辆技术经济参数如下表

序号	技术经济参数	被评估二手车	参照车辆1	参照车辆2
1	车辆型号			
2	主要配置参数			
3	初次登记日期			
4	已使用时间			
5	剩余使用时间			
6	行驶里程			
7	成新率			
8	销售条件			
9	交易时间			
10	交易地点			
11	交易数量			
12	付款方式			
13	物价指数			
14	交易价格			

（4）差异量化

_____

_____

_____

_____

_____

_____

_____

_____

_____

_____

_____

_____

_____

_____

(5)评估值估算

_____

_____

(6)加权平均

_____

_____

任务 3.3　清算价格法评估二手车价格

学习目的

（1）认识清算价格法；

（2）知道清算价格法的具体方法。

学习信息

3.3.1　清算价格法评估原理

清算价格法是以清算价格为依据来估算二手车价格的一种方法。所谓清算价格，指企业在停业或破产后，在一定的期限内拍卖车辆时可得到的变现价格。清算价格法在原理上基本与现行市价法相同，所不同的是企业迫于停业或破产，清算价格往往大大低于现行市场价格。

影响清算价格的主要因素包括破产形式（即企业是否丧失车辆处置权、债权人处理车辆的方式是公开拍卖还是收归己有）、拍卖时限长短、公平市价及参考市价。

清算价格法定义、使用条件

3.3.2　清算价格法价格评估

对于清算价格的确定，从理论上还难以找到十分有效的依据，但在实践中，二手车评估通常采用以下 3 种方法来确定清算价格：

（1）评估价格折扣法

首先根据被评估车辆的具体情况及所获得的资料，选择重置成本法、收益现值法及现行市价法中的一种方法确定被评估车辆的公平评估价格；然后根据市场调查和快速变现原则，确定一个合适的折扣率。用公平评估价格乘以折扣率，所得到的结果即是被评估车辆的清算价格。即

$$P = P' \times \gamma \tag{3.14}$$

式中　P'——由其他评估方法确定的公平评估价格；

　　　γ——折扣率或快速变现系数，%，其主要影响因素有被评估车辆的类型是通用还是

专用车型、车辆的欠费情况和拍卖时限。

例如，一辆二手桑塔纳轿车，经调查在二手车交易市场上成交价为 4 万元，根据销售情况调查，折价 20% 可以当即出售，则该车清算价格为 4 × (1 − 20%) = 3.2(万元)。

（2）模拟拍卖法

模拟拍卖法也称意向询价法，是指通过向被评估车辆的潜在购买者询价获得市场信息，然后经评估人员分析确定其清算价格的一种方法。用这种方法确定的清算价格受供需关系影响很大。

例如，有 8 t 自卸车一台，拟评估其清算价格，评估人员经过对两家运输公司、3 个个体运输户征询意向价格，其报价分别为：7 万元、8.3 万元、7.8 万元、8 万元和 7.5 万元，平均价为 7.72 万元。考虑其他因素，评估人员确定清算价格为 7.5 万元。

（3）竞价法

竞价法是由法院按照破产清算的法定程序或由卖方根据评估结果提出一个拍卖底价，在公开市场或拍卖会上由买方竞争出价，价高者得。

清算价格法
计算方法

3.3.3 清算价格法评估实例

某法院欲将其扣押的一辆轻型载货汽车拍卖出售。至评估基准日止，该汽车已使用了 1 年 6 个月，车况与其新旧程度相符。试评估该车的清算价格。

（1）用重置成本法确定评估底价

根据市场调查，全新的此型车目前售价为 5.5 万元。根据相关规定，购置此型车时要缴纳 10% 的车辆购置税、3% 货运附加费，故被评估车辆的重置成本全价为：

$$B = 5.5 + \frac{5.5}{1.17} \times 10\% + 5.5 \times 3\% = 6.135(万元)$$

被评估车辆价值不高，且车辆技术状况与其新旧程度相符，故采用使用年限法来确定其成新率。根据国家规定，被评估车辆的使用年限为 10 年（120 个月），该车已使用 1 年 6 个月（18 个月），故被评估车辆的成新率为：

$$C = \left(1 - \frac{18}{120}\right) \times 100\% = 85\%$$

因此在公平市场条件下，该车的评估值为：

$$P' = B \times C = 6.135 \times 85\% \approx 5.2(万元)$$

（2）确定折扣率

根据市场调查，折扣率取 75% 时，可在清算日内出售车辆，故确定折扣率 γ 为 75%。

（3）确定清算价格

$$P = P' \times \gamma = 5.2 \times 75\% = 3.9(万元)$$

思政小窗口

用辩证的方法看待"公平"

使用清算价格法得到的价格,通常会大大低于市价。有人说这是"趁人之危""不公平"。那怎样算"公平"呢? 我们来看则故事。

古印度有个习俗,父母死后要为子女留下财产,而子女之间要平分财产。有一位富商,晚年得了重病,便告诉儿子们要平分财产。两个儿子遵照他的遗言,在他死后,提出各种平分财产的方案。可无论哪个方案,兄弟二人都不能同时满意。就在他们发愁时,有一个老人对两兄弟说:"我教你们分财物的办法,一定能分得公平,就是把所有东西都破开成两份。衣裳从中间撕开,盘子、瓶子从中间敲开,盆子、缸子从中间打开,钱也锯开,这样一切都是一人一半。"兄弟二人顿然醒悟,总算找到平分遗产的方法了。但当他们按这样的方法分完遗产,才发现所有的东西都不能用了。

可见,绝对的公平是很难存在的。公平与否的判定受到个人的知识、修养的影响,再加上社会文化以及评判公平的标准的不同等,在不同的社会中,人们对公平的观念也不同。因此在遇到具体事件时,我们可以结合事件所处的环境从多个角度进行分析(例如,清算价格低是不是也是对企业经营管理不善的一种"惩罚"?),尽量做到不单一、孤立地看问题。

回答下列问题

1. 选择合适的内容填入括号内,使下列说法成立。

(1)二手车在非正常市场上的限制拍卖价格遵守的是(　　)。

　　a.现行市价标准　　　b.清算价格标准　　　c.重置成本标准　　　d.收益现值标准

(2)模拟拍卖法是(　　)。

　　a.先用其他方法获得公平市价,再在公平市价基础上打折

　　b.询问潜在买家来确定被评估车评估价格

　　c.进行拍卖

　　d.abc 都不是

2. 根据自己的理解,说说郭先生的车(第9页情景描述)适合使用清算价格法进行评估吗? 如果适用,请计算其评估值;如果不适用,请简要阐述理由。

_____

_____

_____

_____

任务 3.4　收益现值法评估二手车价格

学习目的

(1)认识收益现值法及计算模型；

(2)知道确定收益现值参数的方法；

(3)能够正确使用收益现值法计算公式。

学习信息

3.4.1　收益现值法评估原理

收益现值法是通过估算被评估车辆在剩余寿命期内能给车主带来的预期收益,并折现为评估基准日的现值,以此来确定二手车价值的一种方法。收益现值法是基于这样一种假设,即人们之所以购买某辆二手车,主要是考虑这辆车能为自己带来的收益,而任何一个理智的投资者,他所愿意为这台二手车支付的金额都不会高于该车未来给自己带来的预期收益。

收益现值法定义

由于与买方的投资决策相结合,收益现值法很容易被交易双方接受。然而由于影响收益现值价格的是预期收益,要预测未来的状况难度大,受主观判断影响大,并且存在不可预见因素。

3.4.2　收益现值法价格评估

使用收益现值法计算

(1)计算模型

应用收益现值法求被评估车辆评估值的计算,实际上就是对被评估车辆预期收益进行折现的过程,其评估值等于剩余寿命期内各收益期的收益折现值之和,即

$$P = \sum_{t=1}^{n} \frac{A_t}{(1+i)^t} = \frac{A_1}{1+i} + \frac{A_2}{(1+i)^2} + \cdots + \frac{A_n}{(1+i)^n} \qquad (3.15)$$

式中　P——评估值;

A_t——未来第 t 个收益期的预期收益额；

n——被评估车辆的剩余使用寿命；

i——折现率；

t——收益期，一般以年计。

式中，当 $A_1 = A_2 = \cdots = A_n = A$ 时，即被评估车辆在剩余使用寿命内每个收益期的预期收益相同时，则有

$$P = A\left[\frac{1}{1+i} + \frac{1}{(1+i)^2} + \cdots + \frac{1}{(1+i)^n}\right] = A\frac{(1+i)^n - 1}{i(1+i)^n} \tag{3.16}$$

简记为

$$P = A(P/A, i, n) \tag{3.17}$$

式中，$\dfrac{1}{(1+i)^t}$ 称为第 t 个收益年的现值系数；$\dfrac{(1+i)^n - 1}{i(1+i)^n}$ 称为年金现值系数；$(P/A, i, n)$ 称为系数符号，表示在已知 i 和 n 的情况下 P 和 A 的比值。

（2）各评估参数的确定

1）收益期限的确定

二手车剩余使用寿命是指从评估基准日到二手车报废的年限。各类营运车辆的报废年限在《机动车强制报废标准条件》中有具体规定。

2）预期收益额的确定

预期收益额是指被评估车辆在其剩余使用寿命期内的使用过程中，可能带来的年纯收益额。预期收益额是通过分析预测获得的。对投资者来说，判断车辆是否有价值，应判断该车辆能否带来收益。而对车辆收益能力的判断，不仅要看现在的收益能力，更重要的是关注未来的收益能力。为了避免计算错误，一般应列出车辆在剩余寿命期内的现金流量表。

在二手车评估业务中，为了准确反映经营者预期收益，收益额通常采用税后利润，其计算公式有：

$$收益额 = 税前收入 - 应交所得税 = 税前收入 \times (1 - 所得税率) \tag{3.18}$$

$$税前收入 = 毛收入 - 营运成本 \tag{3.19}$$

车辆的营运成本通常包括燃料费用、维护维修费用、折旧费用、人工费用、管理费用以及车辆在使用过程中需要定期交纳的税费、保险等费用。

3）折现率的确定

折现率也称预期报酬率、回报率、收益率，是指将未来预期收益额折算成现值的比率。由于资金具有时间价值，一定数额的收益，发生在不同的时期，具有不同的价值，并且将来的收益或利益低于现在的收益或利益。因此收益必须和时间结合起来，才能真正反映二手车的价值。折现率应包含无风险报酬率、风险报酬率和通货膨胀率，即

$$折现率 i = 无风险报酬率 i_1 + 风险报酬率 i_2 \tag{3.20}$$

无风险报酬率是指投资者在不冒风险的情况下，就可以长期而稳定地获得投资收益的利率。对一般投资者而言，长期国债利率或银行定期存款利率通常成为无风险报酬率的参

考标准。风险报酬率是指冒风险取得的报酬与投资行为中所付出的代价的比率,用来表达风险与收益的关系。由于风险的不确定性,风险报酬率不容易准确计算,只要求选择的收益率中包含这一因素即可。

如果计算的风险报酬率中不包含通货膨胀率,则折现率还可以表达为

$$折现率\ i = 无风险报酬率\ i_1 + 风险报酬率\ i_2 + 通货膨胀率\ i_3 \qquad (3.21)$$

其中,通货膨胀率是指通货膨胀(随着时间的推移而引起的价格普遍上涨从而降低单位货币购买力的经济现象)的速度。

在使用收益现值法对二手车进行评估选择折现率时,应进行本企业、本行业历年收益率指标的对比分析,以尽可能准确地估测折现率。但是,最后确定的折现率不应低于国家债券或银行存款的利率。

思政小窗口:

换个角度看问题

对于下图两台二手出租车,你觉得它们的评估价格可能相同吗?

这就是收益现值法有趣的地方。在其他方法更多关注车辆本身物理性状、新车价格的时候,它将关注点放在车辆的盈利能力,用该能力衡量车辆价值。也就是说,在同一个城市、同样使用年限的小型出租车,因其今后的盈利能力相似,其价值也相近。

从不同的角度看问题,往往能得到不一样的思路。

3.4.3 收益现值法评估实例

收益现值法实施

2020 年 5 月,沈阳的王先生打算在二手车市场购置一辆捷达 SDI 型轿车用于个体出租车运营。该车的基本信息及经营预测如下:

2015 年 5 月购买,并于当月完成车辆登记手续,已行驶里程为 20 万千米。目前车辆技术状况良好,能正常运行;如用于出租车运营,全年预计可出勤 320 天。根据沈阳市场调查,该车型每天平均毛收入约 550 元,每天耗油费用 150 元,年检、保险及各种应支出费用每年 10 000 元,年维修保养费用约 12 000 元,年平均大修费用约 1 000 元,人员劳务费每

年 26 000 元。根据目前银行储蓄年利率、行业收益等情况,确定资金预期收益率为 15% ,风险报酬率为 5% 。

假设每年的纯收入相同,试结合上述条件评估该车可接受的最大投资额。

(1)根据题目条件确定评估方法

评估方法采用收益现值运。

(2)收益期的确定

从车辆初次登记日(2015 年 5 月)到评估基准日(2020 年 5 月),该车已使用时间为 5 年。根据《机动车强制报废标准规定》,出租车的规定运营年限为 8 年,车辆剩余使用寿命为 3 年,即 $n=3$ 。

(3)预期收益的确定

根据题设条件,预计年收入 $550 \times 320 = 176\ 000$ 元;预计年支出燃油费 $150 \times 320 = 48\ 000$ 元;保险费、车船税等费用 10 000 元;维修保养费 12 000 元;车辆大修费 1 000 元;司机工资 26 000 元。预计年毛收入 79 000 元。预期年纯收入(所得税率 30%):

$$A = 79\ 000 \times (1 - 30\%) = 55\ 300(元)$$

(4)折现率的确定

$$i = i_1 + i_2 = 15\% + 5\% = 20\%$$

(5)计算评估值

$$P = A(P/A, i, n) = 55\ 300 \times (P/A, 20\%, 3) = 55\ 300 \times 2.106 = 116\ 462(元)$$

❓回答下列问题

1. 选择合适的内容填入括号内,使下列说法成立。

(1)采用收益现值法评估二手车价值时,其主要缺点是(   ),受主观判断的影响大。

    a. 计算公式不准确   b. 计算复杂

    c. 剩余使用年限不确定   d. 预期收益预测难度大

(2)折现率应高于(   )。

    a. 折旧率   b. 折扣率   c. 无风险利率   d. 成新率

(3)运用收益法评估车辆时,其折现率的选择应该(   )。

    a. 与银行存款利率无一定关系   b. 为银行存款利率

    c. 小于银行存款利率   d. 大于银行存款利率

2. 企业拟将一辆全顺 11 座旅行客车转让,某工商户欲将此车购置做载客营运,按国家规定,该车剩余使用年限为 3 年,经市场调查及预测,3 年内该车各年预期收入为:第一年 9 000 元,第二年 8 000 元,第三年 6 000 元,折现率 10% 。试评估该车的价值。

_____

_____

_____

_____

_____

3. 某人欲购买一辆捷达二手车,准备从事出租经营,经调查分析该车每年可带来预期收入 15 万元,营运成本每年为 10 万元,个人所得税为 30%,该二手车已使用 4 年,每年报酬率为 14%,试评估该车的价值。已知(P/A,14%,4)= 2.917 3。

_____

_____

_____

_____

_____

4. 根据自己的理解,说说郭先生的车(第 9 页情景描述)适合使用收益现值法进行评估吗? 如果适用,请计算其评估值;如果不适用,请简要阐述理由。

_____

_____

_____

_____

任务3.5　二手车评估方法综合选用

学习目的

（1）知道各种评估方法的适用条件；
（2）知道不同评估方法之间的关系；
（3）能够正确地选用评估方法。

学习信息

3.5.1　各评估方法的适用条件

（1）重置成本法

该方法适用于继续使用前提下的二手车评估，是一种适应性较强、被广泛采用的评估方法，尤其在中高档车辆评估中应用比较广泛。

（2）收益现值法

评估的前提是车辆必须能在剩余寿命期内连续获利，故该方法适用于投资运营车辆，特别是产权转移后从事运营的车辆的评估。

（3）现行市价法

现行市价法要求市场交易活跃、透明，评估人员能快速且比较合理地获得所需要的信息，故适用于产权转让的畅销车型的评估。

（4）清算价格法

该方法适用于企业被迫停业或破产、资产抵押、停业清理等情况下，急于在短时间内将车辆拍卖、出售时的车辆价格评估。所谓破产，是指企业或个人因经营不善造成严重亏损，不能清偿到期债务时，企业宣告破产，法院以其全部财产依法清偿其所欠的债务，不足部分不再清偿。抵押是以所有者资产作为抵押物进行融资的一种经济行为。在抵押合同生效期间，提供财产的一方（即抵押人）不履行合同时，接受财产的一方（即抵押权人）有权将抵押财产在法律允许的范围内变卖，从变卖抵押物款中优先受偿。清理是指企业由于经营不善导致严重亏损，临近破产的边缘或因其他原因无法继续经营下去，为弄清企业财物现状，对全部财产进行清点、整理和查核，为经营决策提供依据，以及因资产损毁、报废而进行清理、拆除等的经济行为。

3.5.2　评估方法的比较和使用

（1）重置成本法和收益现值法

重置成本法是历史过程，侧重对车辆过去使用状况的分析，考虑更多的是二手车已使用的各种损耗和贬值，例如基于已使用年限和使用强度的实体性贬值等因素。收益现值法是预期过程，完全是基于对未来的分析，考虑和侧重的是二手车未来能给投资者带来多少收益并将其折算为现时价值，而不必考虑被评估车辆过去的情况怎样。

（2）重置成本法与现行市价法

重置成本法其实也是一种比较法，但与现行市价法选择的参照车辆不同。前者的参照物是全新车辆，并且比较的内容更侧重性能方面；后者的参照物是已成交的二手车，比较侧重价格分析。从对市场的依赖性上来说，重置成本法只需要一个或几个类似的参照车辆即可；而现行市价法必须有更多的市场数据，否则其结论将会受到质疑。

（3）收益现值法与现行市价法

把现行市价法和收益现值法结合起来评估车辆价值，在二手车市场发达的国家应用得很普遍。收益现值法中预期收益、折现率等不可知参数的确定，都具有较强的主观性。为减少争议，其估计依据便是寻求参照车辆、计量参照车辆的收益折现率等数据，并将这些数据有效地运用到被评估车辆上。因此这两种方法的结合可以降低评估过程中的人为因素影响，更好地反映客观实际和市场观点。

（4）清算价格法与现行市价法

清算价格法和现行市价法都是基于现行市场价格确定车辆价格的方法。所不同的是，利用现行市价法确定的车辆价格，如果被卖方接受而买方不接受，卖方有权拒绝交易；而清算价格法确定的评估值，如果买方不能接受，清算价格就失去了意义，因为清算价格法是站在买方立场、取悦于买方的一种评估方法。

思政小窗口

学会辩证思维——没有最好，只有最合适

经常碰到毕业班的同学反复纠结：做销售好吗？或者二手车专员？还是继续学业？每当这时都会想起一个小寓言。

说有一只公鸡登上一堆沙土，在上面刨个不亦乐乎，它忙忙碌碌地想找点食物，最后翻出了一颗珍珠。你认为公鸡会开心吗？公鸡说道："这个宝物尽管光彩夺目，对我却毫无用处，还不如找到一颗麦粒，用它来填饱肚子。咱们庭院里的鸡鸭羊猪，都喜欢吃麦粒，要这珍珠干什么呢？我用不着佩戴这个宝物，也不想用它来打扮自己，就让人们去把它当作宝贝吧！"说罢，公鸡把珍珠丢到一边，继续去翻找它的麦粒。这公鸡是不是很傻？

其实之所以会这么做，是因为公鸡明白：合适的才是最好的。如同二手车评估价格的方法有这么多种，却无法一句话说清楚哪种最好。适合那台车的，不一定适合这台车；同理，适合别人的路，不一定适合你。我们所要做的，不外乎做足功课、认清形势，然后全力以赴。

回答下列问题

1.选择合适的内容填入括号内,使下列说法成立。

(1)因为二手车的技术状况和市场价格都随时间变化而变动,所以( )是非常重要的参数。

　　a.评估基准日　　b.检验日期　　　　c.车辆的出厂日期　　　d.初次注册登记日

(2)无论国产车还是进口车,一律采用国内现行市价( )作为被评估车辆的重置成本全价。

　　a.预测的价格　　b.销售商的报价　　c.二手车的价格　　　d.新车的价格

(3)机动车实体性贬值在( )就开始发生。

　　a.开始使用后　　b.进行二手车交易后　c.制造完工后　　　d.销售以后

(4)某企业由于经营不善即将破产,现清算其资产,对企业名下的公务用车应该采用( )评估其价格。

　　a.重置成本法　　b.收益现值法　　　c.现行市价法　　　d.清算价格法

2.根据自己的理解,说说影响二手车评估方法选择的因素有哪些,并简要说明是怎样影响的。

_____

_____

_____

_____

3.如果你是老洪,你会用什么方法来评估郭先生的车(第9页情景描述)？为什么？

_____

_____

_____

_____

4.如果郭先生(第9页情景描述)家里急需用钱,一周内要筹到现金,欲将车抵押给银行,请使用清算价格法计算其价格。

_____

_____

_____

_____

_____

5. 如果老洪欲购买郭先生的车(第 9 页情景描述)来跑个体出租,请结合当地行业行情、使用收益现值法估算其价格。

_____

_____

_____

_____

任务 3.6　撰写二手车鉴定评估报告书

学习目的

(1)认识二手车鉴定评估报告书；

(2)知道二手车鉴定评估报告书的内容要求；

(3)正确填写二手车鉴定评估报告书。

学习信息

3.6.1　二手车鉴定评估报告书

二手车鉴定评估报告书是指二手车鉴定评估机构按照有关规定,在评估工作结束后向委托方和有关方面提交的说明二手车鉴定评估过程和结果的书面报告。它是二手车鉴定评估机构履行合同情况的总结,是二手车鉴定评估工作正式结束的标志。

对委托方来说,二手车鉴定评估报告书可以作为被评估车辆产权交易的作价依据,可以作为法庭辩论和裁决时确认财产价格的举证材料,也是支付评估费用的依据。

对作为受托方的二手车鉴定评估机构来说,鉴定评估报告书是评估成果的体现,也是建立评估档案、归集评估档案资料的重要信息来源。

3.6.2　二手车鉴定评估报告书的基本内容

典型的二手车鉴定评估报告书示例如下。

××××鉴定评估机构评报字(2019)第××号

一、绪言

××(鉴定评估机构)接受××××的委托,根据国家有关资产评估的规定,本着客观、独立、公正、科学的原则,按照公认的资产评估方法,对别克车辆进行了评估。本机构鉴定评估人员按照必要的程序,对委托鉴定评估车辆进行了实地查勘和市场调查,并对其在 2019 年 6 月 30 日所表现的市场价值做出了公允反映。现将车辆评估情况及鉴定评估结果报告如下。

二、委托方与车辆所有方简介

委托方:×××,委托方联系人:×××,联系电话:×××××××××。

根据机动车行驶证所示,委托车辆车主×××。

三、评估目的

交易☑　　置换□　　抵押贷款□　　拍卖□　　资产变更□　　保险□　　司法鉴定□　　其他
(请说明)□＿＿＿＿＿＿

四、评估对象

评估车辆的厂牌型号(别克 SGM7250G);车牌号码(××-××××);发动机号(××××××);车辆识别码/车架号(×××××××);初次登记日期(2012 年 6 月);年审检验合格至 2019 年 6 月;购置附加税(费)证(齐全);车船使用税(已交)。

五、鉴定评估基准日

鉴定评估基准日:2019 年 6 月 30 日。

六、评估原则

严格遵循"客观性、独立性、公正性、科学性"原则。

七、评估依据

(一)行为依据

机动车鉴定评估委托书(×××)号。

(二)法律、法规依据

(1)《国有资产评估管理办法》(国务院令第 91 号);

(2)原国家国有资产管理局《关于印发〈国有资产评估管理办法施行细则〉的通知》(国资办发〔1992〕36 号);

(3)国家商务部等部门《机动车强制报废标准规定》(商务部、发改委、公安部、环境保护部〔2012〕12 号);

(4)其他相关的法律、法规等。

(三)产权依据

委托鉴定评估车辆的机动车登记证书编号:×××××。

(四)评定及取价依据

技术标准资料:《机动车运行安全技术条件》(GB 7258—2017)。

技术参数资料:上海通用别克车系列车型性能、装备一览表。

技术鉴定资料:(1)评估鉴定人员现场勘查记录表;

　　　　　　　 (2)评估鉴定人员市场调查资料。

八、评估方法

重置成本法☑　　　收益现值法□　　　现行市价法☑　　　清算价格法□

价格评估鉴定和计算过程如下:

(一)运用重置成本法计算

(1)确定重置成本

重置成本＝新车购价＋上牌税费

新车购价经市场调查 2019 年 6 月,别克老款 SGM7250G 已不再生产,现生产的为别克君威,市场售价 20.98 万元。其配置差异如下表:

	车型配置	安全配置
别克老款 SGM7250G	非真皮方向盘,木纹内饰,CD 唱机,灰色布饰座椅	前排双安全气囊,前座高度可调节安全带,ABS 4 轮防抱死刹车系统,OBD 车载电脑诊断系统,高位刹车灯和转向指示灯,四门前后门侧面防撞杆,全金属封闭承载式车身
别克君威 SGM7252G	标准配置,CD 播放系统,钛晶石英钟,木纹内饰,电子控制空调系统,米色布饰座椅	前排双安全气囊,前座高度可调节安全带,ABS 4 轮防抱死刹车系统,OBD 车载电脑诊断系统,高位刹车灯和转向指示灯,四门前后门侧面防撞杆,全金属封闭承载式车身

从上表可以看出,两款别克车安全配置基本相同,均无天窗。别克君威车型配置较为新潮,两款车一次性功能贬值相差约 12 000 元;因此确定重置价为 209 800−12 000 = 198 800(元)

$$重置成本 = 197\ 800 \times \left(1 + \frac{10\%}{1.17}\right) = 214\ 706(元)$$

(2)确定综合成新率

该车为 2012 年 6 月上牌,至评估基准日已使用 84 个月,规定使用年限为 180 个月

$$C_K = (1 - Y/Y_g) \times K \times 100\% = (1 - 84/180) \times 0.9 \times 100\% = 48\%$$

其中调整系数 K = 技术状况(0.9)×30% + 维修保养(0.8)×25% + 国产名牌(0.9)×20% + 车辆用途(1)×15% + 使用条件(0.8)×10% = 0.9。

(3)评估值 P = 重置成本 B × 综合成新率 C_K = 214 706 × 48% = 103 058(元)

(二)运用现行市价法计算

评估人员根据市场调查资料选用两款别克车作为参照车辆,其分析如下表:

品　牌	参照车辆 1 别克 SGM7250(老款)	参照车辆 2 别克君威 SGM7252	被评估车辆 别克 SGM7250(老款)
上牌日期	2012 年 8 月　价值 25.8 万元	2013 年 3 月　价值 24.38 万元	2012 年 6 月　价值 25.8 万元
交易日期	2019 年 5 月	2019 年 4 月	2019 年 6 月
交易数量	1	1	1
成新率	73	81	72
付款方式	现款	现款	现款
物价指数	1	1.01	0.98
公开市场成交价	120 000	150 000	

(1)以参照车辆 1 为参照对象作各项差异量化和调整。

销售时间差异量化和调整 0.98/1 = 0.98。

新旧程度差异量化和调整 该项调整系数为 120 000×(72% −73%) = −1 200(元)

结构性能、销售数量和付款方式无差异,无须调整。

$$评估值\ P_1=(120\ 000-1\ 200)\times0.98=116\ 424(元)$$

（2）以参照车辆 2 为参照对象作各项差异量化和调整。

结构性能差异量化和调整,参照车辆 2 为新式车型,被评估车辆为老式车型,评估基准日该项结构差异为 12 000 元,该调整系数为 12 000×72%=8 640(元)。

销售时间差异量化和调整,0.98/1.01=0.98。

新旧程度差异量化和调整,该项调整系数为 150 000×(72%-81%)=-13 500(元)。

销售数量和付款方式无差异,无须调整。

$$评估值\ P_2=(150\ 000-8\ 640-13\ 500)\times0.98=125\ 303(元)$$

（3）综合参照车辆 1 和 2,被评估车辆评估值为 120 863 元。

（三）运用重置成本法计算的结论和现行市价法的结论分别为:103 058 元、120 863 元,评估鉴定人员考虑别克车虽然属名牌车,但其经济性能较差、百千米油耗较高、保值率相对不高,因此现行市价法权重系数和重置成本法权重系数分别取 0.3、0.7。

被评估车辆评估值 $P=103\ 058\times0.7+120\ 863\times0.3\approx108\ 400(元)$。

九、评估结论

车辆评估价值人民币 108 400 元,金额大写壹拾万捌仟肆佰元整。

十、特别事项说明

（一）评估机构或评估人员对于评估标的没有现实或潜在的利益;

（二）评估标的产权明晰,评估时未考虑车辆曝光、欠费等对车辆价格的影响。

十一、评估报告法律效力

（一）本项评估结论有效期为 90 天,自评估基准日至 2019 年 9 月 30 日止。

（二）当评估目的在有效期内实现时,本评估结果作为作价参考依据。超过 90 天,需重新评估。另外,在评估有效期内若被评估车辆的市场价格或因交通事故等原因导致车辆的价格变化,对车辆评估结果产生明显影响时,委托方也需重新委托评估机构重新评估。

（三）鉴定评估报告书的使用权归委托方所有,其评估结论仅供委托方为实现评估目的和送交二手车鉴定评估主管机关审查使用,不适用于其他目的;因使用本报告书不当而产生的任何后果与签署报告的鉴定评估师无关;未经委托方许可,本鉴定评估机构承诺不将报告书的内容向他人提供或公开。

十二、附件清单:

（一）二手车鉴定评估委托书;

（二）二手车鉴定评估作业表;

（三）车辆行驶证、购置附加税(费)证复印件;

（四）鉴定评估师职业资格证书复印件;

（五）鉴定评估机构营业执照复印件;

（六）二手车照片(要求外观清晰,车辆牌照能够辨认)。

二手车鉴定评估师(签字、盖章)

复核人(签字、盖章)

（二手车鉴定评估机构盖章） 年 月 日

从示例看到,二手车鉴定评估报告书主要包括以下内容:

①封面。二手车鉴定评估报告书的封面须包含下列内容:二手车鉴定评估报告书标题,鉴定评估报告编号,鉴定评估机构全称及商标,报告提交日期等。

②首部。鉴定评估报告书正文首部包括标题和报告编号,且与封面有关内容对应。其中报告编号应符合公文撰写要求,包括评估机构特征字、公文种类特征字、年份和文件序号。

③绪言。绪言写明评估报告委托方全称、受托评估事项及评估工作整体情况。

④委托方及车主简介。需写明委托方名称、委托方联系人名称、联系电话和住址,以及车主名称。

⑤评估目的。写明本次鉴定评估是为了满足委托方的何种需要,及其对应的经济行为类型。

⑥评估对象。需简要写明被评估车辆的厂牌型号、号牌号码、发动机号、车辆识别码/车架号、注册登记日期、购置税证号码、年审检验合格有效期、车船税缴纳有效期、公路规费有效期、保险有效期等。

⑦评估基准日。写明车辆鉴定评估基准日的具体日期。

⑧评估原则。参照1.1.2节。

⑨评估依据。除1.1.2节涉及的法律法规依据、价格依据外,也需对车辆产权依据进行说明。

⑩评估方法及计算过程。简要说明评估过程中所选择和使用的评估方法;简要说明选取该方法的依据或原因;如采取一种以上的评估方法,应适当说明原因并说明评估值的确定方法。此外,需要给出各评估方法的主要计算步骤。

⑪评估过程。反映二手车鉴定评估机构自接受委托起至提交评估报告的工作过程。

⑫结论。给出被评估车辆的评估价格,大、小写金额。

⑬说明。包括在评估过程中发现的可能影响评估结论但超出评估人员执业水平所能估算的事项、提示报告使用者应注意的事项、评估人员认为需要说明的其他事项,以及评估报告的法律效力期限和范围说明。

⑭报告书生成日。写明评估报告提交给委托方的具体时间,原则上应在评估基准日后一周内提出。

⑮尾部。写明出具评估报告的机构名称并盖章,写明评估机构法定代表人姓名并签字,写明实施评估的二手车鉴定评估师姓名并签字,高级二手车鉴定评估师审核签章。

思政小窗口

认识签字的法律效力,提升法治意识

签字是当事人对文件的确认,签字的文件,是具有法律效力的。

但同时,文件是否有法律效力也要从文件内容来判断。比如有些文件约定"必须签字加盖手印",那么即使签字了,该文件也是没有法律效力的。再者,如果有其他证据证明签字存在被强迫、并非出自本人等情况,那么该文件也没有法律效力。

在实务中,为了避免因签字产生的纠纷,最后在签订合同或文件时,按手印是比较保险的方式,重要的民事活动则一般都会加印章、公证等其他确认手段。

⑯附件。包括二手车鉴定评估委托书、鉴定评估作业表,车辆购置税、行驶证、登记证复印件,被评估车辆照片,二手车鉴定评估师资格证书复印件,二手车鉴定评估机构营业执照及资质复印件。

撰写二手车鉴定
评估报告书

上例的二手车评估报告中选用现行市价法和重置成本法评估同一辆车,得到了不一致的结论且结论相差较大,这就要求评估人员根据市场经验取不同权重修正评估结果。

3.6.3　注意事项

在编制二手车鉴定评估报告书时应注意以下事项:

①实事求是,切忌出具虚假报告。要做到真实客观,除了用职业道德约束鉴定评估人员,还要求报告人应是参与鉴定评估并全面了解被评估车辆的主要鉴定评估人员。

②坚持一致性,切忌表里不一。报告书文字、内容要前后一致,正文、作业表、鉴定工作底稿的格式和数据要相互一致。

③提交报告书要及时、齐全和保密。

回答下列问题

选择合适的内容填入括号内,使下列说法成立。

二手车鉴定评估报告书的基本内容有(　　　　)

a. 评估主体　　　　　　b. 评估客体　　　　　　c. 评估目的

d. 评估依据　　　　　　e. 评估原则　　　　　　f. 评估方法

完成下列任务

请为郭先生的车(第9页情景描述)完成下列《鉴定评估报告书》(任务单二到八为其附件,形成完整的鉴定评估档案资料)。

企业图标

_____公司

机动车鉴定评估报告书

_____评报字[_____]第_____号

_____公司

_____年___月___日

_____公司

机动车鉴定评估报告书

_____评报字[_____]第_____号

一、绪言

_____（鉴定评估机构）接受_____的委托，根据国家有关资产评估的规定，本着客观、独立、公正、科学的原则，按照公认的资产评估方法，对_____进行了评估。本机构鉴定评估人员按照必要的程序，对委托鉴定评估车辆进行了实地查勘和市场调查，并对其在_____年_____月_____日所表现的市场价值做出了公允反映。现将车辆评估情况及鉴定评估结果报告如下：

二、委托方与车辆所有方简介

委托方_____，委托方联系人_____，联系电话：_____。

根据机动车行驶证所示，委托车辆车主_____。

三、评估目的

交易□　置换□　抵押贷款□　拍卖□　资产变更□　保险□　司法鉴定□　其他（请说明）□

_____

四、评估对象

评估车辆的厂牌型号（_____）；车牌号码（_____）；发动机号（_____）；车辆识别码/车架号（_____）；初次登记日期（_____年___月）；年审检验合格至_____年___月；购置附加税（费）证（_____）；车船使用税（_____）。

五、鉴定评估基准日

鉴定评估基准日：_____年_____月_____日。

六、评估原则

严格遵循"客观性、独立性、公正性、科学性"原则。

七、评估依据

（一）行为依据

机动车鉴定评估委托书（_____）号。

（二）法律、法规依据

（1）《国有资产评估管理办法》（国务院令第91号）。

（2）原国家国有资产管理局《关于印发〈国有资产评估管理办法施行细则〉的通知》（国资办发〔1992〕36号）；

（3）国家商务部等部门《机动车强制报废标准规定》（商务部、发改委、公安部、环境保护部〔2012〕12号）；

（4）其他相关的法律、法规等。

（三）产权依据

委托鉴定评估车辆的机动车登记证书编号：_____。

（四）评定及取价依据

技术标准资料：《机动车运行安全技术条件》（GB 7258—2017）。

技术参数资料：_____系列车型性能、装备一览表。

技术鉴定资料:(1)评估鉴定人员现场勘查记录表;
　　　　　　　(2)评估鉴定人员市场调查资料。

八、评估方法

重置成本法□　　　收益现值法□　　　现行市价法□　　　清算价格法□

价格评估鉴定和计算过程如下:

_____

_____

_____

_____

_____

_____

_____

_____

_____

_____

_____

_____

_____

_____

九、评估结论

车辆评估价值人民币_____元,金额大写_____。

十、特别事项说明

(一)评估机构或评估人员对于评估标的没有现实或潜在的利益;

(二)评估标的产权明晰,评估时未考虑车辆曝光、欠费等对车辆价格的影响。

十一、评估报告法律效力

(一)本项评估结论有效期为90天,自评估基准日至_____年_____月_____日止。

(二)当评估目的在有效期内实现时,本评估结果作为作价参考依据。超过90天,需重新评估。另外,在评估有效期内若被评估车辆的市场价格或因交通事故等原因导致车辆的价格变化,对车辆评估结果产生明显影响时,委托方也需重新委托评估机构重新评估。

(三)鉴定评估报告书的使用权归委托方所有,其评估结论仅供委托方为实现评估目的和送交二手车鉴定评估主管机关审查使用,不适用于其他目的;因使用本报告书不当而产生的任何后果与签署报告的鉴定评估师无关;未经委托方许可,本鉴定评估机构承诺不将报告书的内容向他人提供或公开。

十二、附件清单:

(一)二手车鉴定评估委托书;

(二)二手车鉴定评估作业表;

（三）车辆行驶证、购置附加税（费）证复印件；

（四）鉴定评估师职业资格证书复印件；

（五）鉴定评估机构营业执照复印件；

（六）二手车照片（要求外观清晰，车辆牌照能够辨认）。

二手车鉴定评估师（签字、盖章）

复核人（签字、盖章）

（二手车鉴定评估机构盖章）   年   月   日

项目3 学生学习目标检查表

你是否在教师的帮助下成功地完成项目学习目标所设计学习活动	
	肯定回答
专业能力	
运用重置成本法评估二手车价格	
运用现行市价法评估二手车价格	
运用清算价格法评估二手车价格	
运用收益现值法评估二手车价格	
选用合适的方法评估二手车价格	
撰写二手车鉴定评估报告	
关键能力	
你是否根据已有的学习步骤、标准完成资料的收集、分析、组织	
你是否能标准、有效和正确地进行交流	
你是否按计划有组织地活动？是否泛着学习目标努力	
你是否尽量利用学习资源完成学习目标	
完成情况 　　所有上述表格必须是肯定回答。如果不是,应咨询教师是否需要增加学习活动,以达到要求的技能。 教师签字＿＿＿＿＿＿＿＿＿＿＿＿ 学生签字＿＿＿＿＿＿＿＿＿＿＿＿ 完成时间和日期＿＿＿＿＿＿＿＿＿＿＿＿	

项目 4

二手车交易

项目学习目标

通过本项目的学习,应认识二手车交易、中介与收售工作,获得办理二手车过户及经营二手车的基础能力。其具体表现为:

(1)认识二手车交易的类型和流程;

(2)认识二手车收售定价方法及售后质量保证。

项目学习资源

有关二手车和二手车鉴定评估的资料,可查询文字或电子文档如下:

(1)二手车交易和行业组织的网页;

(2)各种介绍二手车鉴定评估的书籍;

(3)有关二手车市场管理及车辆报废的法律与法规。

可提供学习的环境和使用的设备

(1)车间或模拟车间;

(2)二手车接待或模拟二手车接待工作环境;

(3)安全的工作环境和工作场所;

(4)整车车辆;

(5)二手车鉴定评估的必要技术文件。

项目学习任务

　　任务4.1　二手车直接交易

　　任务4.2　二手车中介交易

　　任务4.3　二手车经营销售

学生学习目标检查表

任务4.1　二手车直接交易

学习目的

（1）认识二手车交易模型；

（2）认识二手车直接交易流程；

（3）能够签订二手车直接交易合同。

学习信息

二手车交易是一种特殊商品的产权交易，它除了具有一般二手物品产品的交易属性外，还有完成交易后相关手续的转移属性。一个合法、完备的二手车交易过程应该包括车辆交易、所有权转移登记和税险变更3个环节，才能最终实现二手车所有权从卖方到买方的转移。《二手车流通管理办法》规定，二手车交易有直接交易、中介交易和二手车经营销售几种交易模式。

4.1.1　二手车直接交易

二手车直接交易是指二手车所有人不通过经销企业、拍卖企业和经纪企业将车辆直接出售给买方的交易行为，即直接用户之间一对一的自由交易。

二手车可以在任何身份的人群中交易。根据二手车买卖双方身份不同，二手车直接交易有4种类型：

①个人对个人交易，即二手车所有权人和买受人均为个人。

②个人对单位交易，即二手车所有权人为个人，买受人为单位。

③单位对个人交易，即二手车所有权人为单位，买受人为个人。

④单位对单位交易，即二手车所有权人和买受人均为单位。

单位车辆如果涉及国有资产的，必须通过评估定价。如果是个人交易，则交易价格可由买卖双方商定。

《二手车流通管理办法》规定：二手车交易应当在二手车交易市场进行。"应当"不是强制性的，也就是说，二手车直接交易也可以在其他地方完成。但是无论怎样的直接交易类型，二手车买卖双方要完成交易，就必须到有开票（即二手车销售统一发票）资格的企业处完成最终交易过程。根据相关规定，只有二手车交易市场、二手车销售企业、二手车拍卖公司才具有开票资格。国家规定:二手车销售企业和拍卖公司只能为本企业交易的车辆开具二手车销售发票,不得为其他企业及个人代开发票;二手车交易市场则可以为直接交易和中介交易开票。此外,二手车交易市场是专业的二手车交易平台,负责对交易的二手车的合法性进行把关,而且检测维修、配件供应、美容装饰等功能齐全,并能为客户提供过户、上牌、保险等服务,为非专业的买卖双方带来极大方便和保障。因此二手车直接交易应在二手车交易市场完成。

4.1.2　二手车直接交易程序

目前,我国没有统一的二手车交易程序标准,各地二手车交易市场的二手车交易过程可能有差异,但主要程序(图4.1)基本相同。

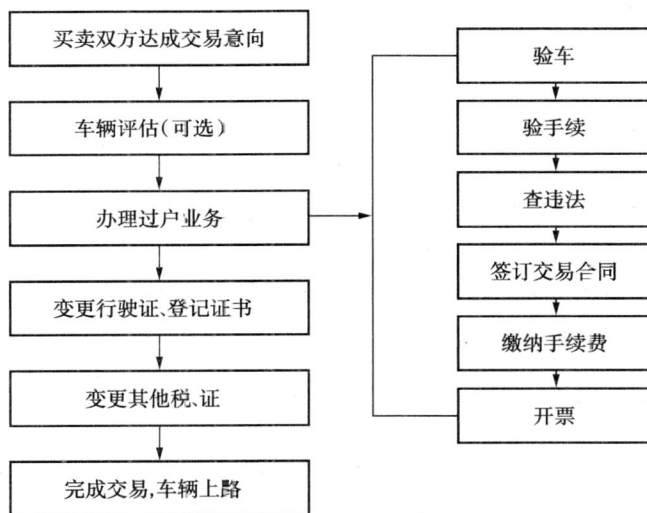

图4.1　二手车直接交易程序

①买卖双方达成交易意向是指买卖双方已就二手车交易谈妥了相关条件(如成交价格),达成了成交愿望。达成交易意向是买卖双方的一个谈判过程,可以在二手车交易市场内或市场外完成。

②二手车鉴定评估是买卖双方达成交易意向后的自愿选择项目(二手车为国有资产的情况除外)。消费者要求鉴定评估的目的有二:一是想通过鉴定评估了解二手车的技术状况,发现车辆存在的故障和安全隐患;二是想了解二手车的真实价值。具有二手车鉴定评估资质的第三方评估机构经由鉴定评估、出具签章生效后的二手车鉴定评估报告书(项目1到项目3)作为车辆交易的参考。

③办理过户业务是在二手车交易市场的交易大厅完成的。

a.验车是对机动车进行安全技术检验。已登记注册上路行驶的二手车在所有者正常使用过程中,依照相关法律法规规定需要定期进行安全技术检验,即俗称的车辆年检。因此,年检有效期内的车辆可以认为是验车合格的。

b. 验手续的目的是核定买卖双方所提供的证件是否合法有效、是否具备办理过户的条件，防止不合法车辆进行交易，以保护买卖双方权益。检查的内容包括车主身份证明、车辆来历证明、车辆税费和保险缴付凭证等。有的二手车交易市场要求查验无误后，填写《车辆检验单》(图 4.2)。

北京市××旧机动车交易市场车辆检验单

卖方：________________ 电话：________________

买方：________________ 电话：________________

号牌号码：________________ 车辆类型：________________

车辆名称：________________ 使用性质：________________

车辆识别代号：________________ 发动机号：________________

排气量：__________ 年份：__________ 颜色：__________

注册登记日期：________________ 登记证号：________________

原购车价：__________ 交易管理费：__________ 有效期：__________

验车员：________________ 年 月 日

备注：

图 4.2 车辆检验单

c. 查违法就是查询交易的二手车是否为报案车辆、是否有抵押记录和违法行为记录，可以登录车辆管理部门的信息数据库或网站进行查询。例如，重庆市机动车违法行为的查询可登录重庆公安交通管理信息网网站(http://www.cqjg.gov.cn/DriverFind.html)，输入车牌号和车辆识别码(图 4.3)即可查到该车是否有违法记录。

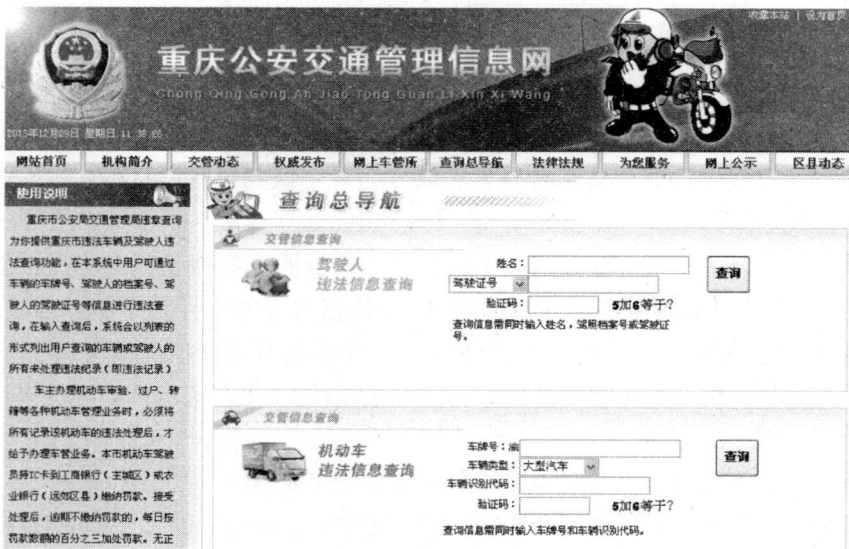

图 4.3 机动车违法行为网上查询

d. 根据《二手车流通管理办法》,二手车交易应该签订交易合同(详见4.1.3节)。

e. 手续费,俗称过户费,是指二手车交易过程中办理交易过户业务相关手续的服务费用,包括验车费、交易手续费、办证服务费等。

二手车过户费主要按排量、年份进行收取,根据轿车、越野车、客车、货车等车辆类型以及不同排量范围、载重量范围等类别的不同,采取不同的收费标准。例如山西省二手车过户费标准见表4.1。

表4.1　山西省二手车过户费标准

类别/收费标准		2年(含)以内	2~5年(含)	5~8年(含)	8年以上
客车	微型车:车身长3.5 m及以下	250	200	150	100
	小型及客货两用:车身长3.5~6 m	400	350	300	200
	中型车:车身长6~9 m	600	500	400	300
	大型车:车身长9 m以上	700	600	500	400
轿车、越野车、商务车	排量1.0 L及以下	250	200	150	100
	排量1.0~1.6 L(含)	400	350	300	200
	排量1.6~2.5 L(含)	600	500	400	300
	排量2.5~3.5 L(含)	900	800	600	400
	排量3.5 L以上	1 200	1 000	800	600

此外,全国没有统一的二手车过户费标准,由市场经营者根据提供的服务项目和内容自行决定并报物价部门核对、批准。例如,上海的过户费用一般为700~850元,四川为260元,浙江为350~1 000元。

f. 二手车销售发票又称"过户发票",是二手车的来历证明(见1.3.1节图1.4)。过户发票必须经过工商验证(即加盖"工商行政管理局旧机动车市场管理专用章")才有效,有效期为一个月,买卖双方应在此期间内到车辆管理部门办理机动车行驶证、机动车登记证书等相关变更手续。

④根据《机动车登记规定》,已注册登记的机动车所有权发生转移的,现机动车所有人应当自机动车交付之日起30日内向登记地车辆管理所申请转移登记。申请转移登记时,(现)机动车所有人应当填写申请表,并提供(现)所有人身份证明、二手车销售统一发票、(原)机动车登记证书、(原)机动车行驶证等证明、凭证,交验机动车。转移登记涉及信息变更的文件包括机动车登记证书、机动车行驶证和机动车号牌。

⑤二手车交易中,买方在变更车辆产权之后还需要对车辆购置税、保险合同等文件中涉及的车主信息进行变更,以减少可能造成的损失。各地在变更时对文件的要求不同,可以先到规定办理的单位窗口进行咨询。

a. 车辆购置税变更。车辆购置税的征收部门是车辆登记注册地的主管税务机关,办理变更时,需填写《车辆变动情况登记表》,并携带新车主身份证明、二手车销售统一发票、(原)车辆购置税完税证明(正本)等资料进行办理。

b. 一般情况下,保险利益随着保险标的所有权转移而灭失,只有经保险公司同意批改后,保险合同才重新生效。所以二手车交易过程中,办理车辆保险过户是一个非常重要的环节,车辆依法过户后应到保险公司办理保险合同主体变更手续,否则车辆受损时保险公司有权拒赔。

办理保险过户时,需要填写汽车保险过户申请书,注明保险单号码、车牌号、新旧车主名称等,并携带(原)保单和(现)机动车行驶证到保险公司业务部门办理。在办理方式上,既可以对保单的被保险人、车主等要素进行更改,也可以申请退保、终止以前的合同。

4.1.3 二手车直接交易合同

二手车交易合同是指二手车买卖双方为实现二手车交易的目的,明确相互权利义务关系,在合法的基础上,本着平等互利、协商一致的原则所订立的协议。它主要是用来对二手车的状况、来源的合法性、费用负担以及出现问题的解决方法等各方面进行约定,以约束各交易方行为。二手车交易合同包括收购合同、销售合同、买卖合同、委托购买合同、委托出售合同、委托拍卖合同等。在二手车直接交易过程中主要涉及的是二手车买卖合同。

由工商部门监制的《二手车买卖合同》一式三份,买卖双方各持一份,二手车交易市场保留一份。二手车买卖合同范本如下:

二手车买卖合同

合同编号:＿＿＿＿＿＿＿＿＿＿＿＿＿

签订时间:＿＿＿＿＿＿年＿＿＿月＿＿日

甲方(售车方):＿＿＿＿＿＿＿＿＿＿＿＿＿

乙方(购车方):＿＿＿＿＿＿＿＿＿＿＿＿＿

第一条　目的

依据国家有关法律、法规和本市有关规定,甲、乙双方在自愿、平等和协商一致的基础上,就订立二手车买卖合同,并完成其他委托的服务事项达成一致,订立本合同。

第二条　当事人及车辆情况

一、甲方基本情况

(1)单位代码证号□□□□□□□□□□□□□□-□,经办人＿＿＿＿＿＿＿＿＿＿＿＿,身份证号码□□□□□□□□□□□□□□□□□□,单位地址＿＿＿＿＿＿＿＿＿＿＿＿＿＿,联系电话＿＿＿＿＿＿＿＿＿＿＿＿＿＿。

(2)自然人身份证号码□□□□□□□□□□□□□□□□□□,现常住地址＿＿＿＿＿＿＿＿＿,联系电话＿＿＿＿＿＿＿＿＿＿＿＿＿＿。

二、乙方基本情况

(1)单位代码证号□□□□□□□□□□□□□□-□,经办人＿＿＿＿＿＿＿＿＿＿＿,身份证号

码□□□□□□□□□□□□□□□□□□,单位地址 _____,

联系电话 _____。

　　(2)自然人身份证号码□□□□□□□□□□□□□□□□□□,现常住地址 _____,

联系电话 _____。

　　三、出售车辆基本情况

　　车辆牌号 _____,车辆类别 _____。

　　厂牌型号 _____,颜色 _____。

　　初次登记时间 _____,登记证号 _____。

　　发动机号码 _____,车架号码 _____。

　　行驶里程 _____千米,允许使用年限至 _____年___月___日。

　　车辆年检有效期至 _____年___月。

　　车辆购置税完税证明证号 _____/免税(有证/无证)。

　　车辆保险险种:1. _____ 2. _____ 3. _____ 4. _____

其他 _____。保险有效期截止日期: _____年___月___日。

　　配置: _____

_____。

　　其他情况: _____

_____。

　　第三条　车辆价款

　　经协商一致,本车价款定为人民币 _____元(大写: _____

元),上述价款包括车辆及备胎等附件。

　　过户手续费为人民币 _____元(大写: _____元),由 ____方

负责。

　　第四条　付款及交付、过户

　　1.乙方于合同签订后(当日/___日)内支付价款____%(人民币____元,大写:____元)

作为定金支付给甲方;支付方式:(现金/指定账户)。

　　2.甲方于合同签订(当日/___日)内,将本车(过户/转籍)所需的有关证件原件及复印件交付给

_____方,由____方负责办理(过户/转籍)手续。

　　3.乙方于(过户/转籍)事项完成后(当日/___日)内向甲方支付剩余价款(人民币____元,大写:

_____元);支付方式:(现金/指定账户)。

　　第五条　双方的权利和义务

　　1.甲方承诺车辆出让时不存在任何权属上的法律问题和各类尚未处理完毕的交通违章记录,所提

供的证件、证明均真实、有效,无伪造情况;否则,致使出让车辆不能过户、转籍的,乙方有权单方解除本

合同或终止本合同的履行,甲方应接受退回的车辆,并向乙方双倍返还定金和支付实际发生的费用。

　　_____方如在收取有关文件、证明后___日内未办理(过户/转籍)手续或由于_____方的过失

导致(过户/转籍)手续不能办理或不能在合理期限内完成(双方约定该合同合理期限为收取文件、证明

后的___日内),除非有正当理由或不可抗力,否则_____方可单方终止本合同,并要求_____方双

倍返还定金和支付实际发生的费用。

　　2.乙方承诺已对受让车辆的配置、技术状况和原使用性质了解清楚,该车能根据居住管辖地车辆落

籍规定办理落籍手续。如由于乙方的过失导致(过户/转籍)手续不能办理,则甲方可单方终止本合同,并不返还定金,已经发生的费用应乙方承担。

本合同签订后,乙方如未按本合同规定的时间交付定金,甲方有权单方解除本合同,并要求乙方赔偿相应的经济损失。

第六条　合同在履行中的变更及处理

本合同在履行期间,任何一方要求变更合同条款的,应及时书面通知对方,并征得对方的同意后,在约定的时限_____天内,签订补充条款,注明变更事项。未书面告知对方并征得对方同意,擅自变更造成的经济损失,由责任方承担。

本合同履行期间,双方因履行本合同而签署的补充协议及其他书面文件,均为本合同不可分割的一部分,具有同等效力。

第七条　违约责任

甲、乙双方如发生违约行为,违约方给守约方造成的经济损失,由守约方按照法律、法规的有关规定和本合同有关条款追偿。

第八条　风险承担

本车在过户、转籍手续完成前由甲方作为所有人承担一切风险责任;本车在过户、转籍手续完成后乙方作为所有人承担一切风险责任。

第九条　其他规定

本合同未约定的事项,按照《中华人民共和国合同法》以及有关法律、法规的规定执行。

第十条　发生争议的解决办法

甲、乙双方在履行本合同过程中发的争议,由双方协商解决;协商不成的,提请二手车交易市场或二手车交易管理协会协调。协调成功的,双方应当履行调解协议;协调不成的,按本合同约定的下列第(　　)项进行解决:

1. 向仲裁委员会申请仲裁;

2. 向法院提起诉讼。

第十一条　合同效力和订立数量

本合同内,空格部分填写的文字,其效力优于印刷文字的效力。本合同所称"日",均指工作日。

本合同经双方当事人签字、盖章后生效;本合同一式三份,由甲方、乙方、二手车交易市场各执一份,均具有同等的法律效力。

甲方(出售方)(名称):_____

法定代表人/自然人(签章):_____

经办人(签章):_____

开户银行:_____

账号:_____

乙方(购车方)(名称):_____

法定代表人/自然人(签章):_____

经办人(签章):_____

开户银行:_____

账号:_____

二手车交易合同的主体是指为了实现二手车交易目的,以自己的名义签订交易合同,享有合同权利、承担合同义务的组织和个人。根据《中华人民共和国合同法》规定,我国合同当事人从其法律地位来划分,可分为法人(具有民事权利能力和民事行为能力,依法独立享有民事权利和承担民事义务的组织)、其他组织(合法成立、有一定的组织机构和财产,但不具备法人资格的组织)和自然人(具有完全民事行为能力,可以独立进行民事活动的人)。

二手车交易合同的内容包括有主要条款和其他约定。

主要条款包括:

①车辆的基本情况。

②车辆价款、过户手续费及支付时间、方式。

③车辆的过户、交付及风险承担。

④双方的权利和义务。

⑤合同变更和解除。交易合同的变更通常是指交易合同尚未履行或未完全履行之前,当事人就其内容进行修改和补充而达成的协议,是在原合同的基础上达成一个或几个新的合同作为修正代替原协议。交易合同的解除是指交易合同订立后,没有履行或没有完全履行以前,当事人依法提前终止合同。交易合同的变更或解除应在当事人双方协商同意之下,并不因此损害国家利益和社会公共利益的前提下进行。

⑥违约责任。违约责任是交易合同一方或双方当事人由于自己的过错,造成合同不能履行或不能完全履行,依法或按合同约定必须承受的制裁。通常承担违约责任的方式有支付违约金和支付赔偿金两种。违约金是合同当事人因过错不履行或不适当履行合同,依法或按合同规定支付给对方一定数量的货币。赔偿金则是当一方过错给另一方造成损失超过违约金数额时,由违约方支付给对方一定数额的补偿货币。

⑦合同争议或纠纷的解决方式。合同纠纷是指因合同的生效、解释、履行等行为引起的当事人之间的争议,一般有协商、协调、仲裁和诉讼 4 种解决方式。协商解决是合同当事人之间直接磋商,在自愿、互谅互让的基础上自行解决彼此间发生的合同纠纷。协调解决是由合同当事人以外的第三人(如二手车交易市场管理部门)出面调解,使争议双方自愿达成解决纠纷的协议。仲裁是指合同当事人将合同纠纷提交国家规定的仲裁机关,由仲裁机关对合同纠纷作出裁决的活动。诉讼是合同当事人之间发生争议而未达成仲裁协议的情况下,由当事人一方将争议提交有管辖权的法院按诉讼程序审理作出裁决。

⑧合同生效时间。

其他约定包括上述条款中没有说明但是双方(或单方)关心的、需要特别约定。以便今后发生时能够得到解决的问题。

思政小窗口

合同——诚信的另一面

合同是民事主体之间设立、变更、终止民事法律关系的协议。依法成立的合同,受法律保护。依法成立的合同,仅对当事人具有法律约束力,但是法律另有规定的除外。

合同在中国古代有悠久的历史,判书、质剂、傅别、书契等都是古代合同的书面形式。最早的时候,合同被称作"书契"。《周易》记述:"上古结绳而治,后世圣人易之以书契。""书"是文字,"契"是将文字刻在木板上。这种木板一分为二,称为左契和右契,以此作为凭证;"书契"就是契约。周代的合同还有种称谓:"质剂",长的书契称"质",购买牛马时所用,短的书契称"剂",购买兵器以及珍异之物时所用。"傅别","傅"指用文字来形成约束力,"别"是分为两半,每人各持一半。"判"就是将分为两半的书契合二为一,只有这样才能够看清楚契约的本来面目。"合同"即合为同一件书契,这是"合同"一词的本义。

还有一种说法,现代的合同都写有一式两份,因为以前民间订制合同时就是一张纸,写好后从中间撕开,一人拿一半,有争执的时候再合起来,所以就有了合同和一式两份的说法。

可见,从字面意思对"合同"一词的由来进行解释:将各方的意见集"合"起来进行协商,若达成一致,都"同"意了,由此形成"合同",可以口头或书面形式出现。

❓回答下列问题

在 A 资产评估公司完成车辆的评估后,郭先生(第 9 页情景描述)来到 B 4S 店,并和 4S 店达成了交易意向。试分析郭先生是否应与该店签订《二手车买卖合同》? 是的话,请替郭先生完成交易合同;否的话请简述原因。

_____

_____

_____

_____

任务4.2 二手车中介交易

学习目的

(1)认识二手车中介交易类型；

(2)认识二手车中介交易流程；

(3)能够签订二手车居间交易合同。

学习信息

中介交易是指二手车买卖双方通过中介方的帮助而实现交易,中介方收取约定佣金的一种交易行为。中介经营包括二手车经纪、二手车拍卖等。

4.2.1 二手车经纪

(1)二手车经纪概念

二手车经纪是指二手车经纪机构以收取佣金为目的,为促成他人交易二手车而从事居间、行纪或者代理等经营活动。

二手车经纪的形式主要有代购、代销、买卖信息中介服务等。其中,代销(也叫寄卖、委托销售等)是最常见的形式。二手车寄卖,就是把二手车委托给二手车经纪公司进行出售的一种方式。买主和二手车经纪公司达成交易意向后,二手车经纪公司通知车主到二手车交易市场办理过户手续。车主将二手车委托给经纪公司进行出售,可以省去自己寻找客户所耗费的时间、精力以及由于对市场行情缺乏了解可能造成的不必要的损失。

二手车经纪公司通常以二手车交易市场为经营场所,二手车交易市场里的二手车经纪公司数量多、从业人员多,掌握着大量的二手车资源信息,是我国现阶段二手车交易市场的主力军。二手车经纪公司通常通过车主主动委托销售、主动到社会上收购车辆、与品牌4S店联手及通过二手车拍卖会获得车辆。

(2)二手车居间合同

居间合同是适用于二手物品中介交易的一种合同,二手车委托购买和委托出售可以使用居间合同。

二手车居间合同一般涉及三方当事人:出让人(售车方,有意向出让二手车合法产权的法人或其他组织、自然人),受让人(购车方,有意向受让二手车合法产权的法人或其他组织、

自然人),中介人(居间方,拥有合法二手车中介交易资质的二手车经纪公司)。典型的二手车居间合同如下:

二手车居间合同

合同编号:＿＿＿＿＿＿＿＿＿＿＿＿＿＿＿

签订时间:＿＿＿＿＿＿＿年＿＿＿月＿＿＿日

委托出让方(简称甲方):＿＿＿＿＿＿＿＿＿＿＿＿＿

居间方:＿＿＿＿＿＿＿＿＿＿＿＿＿＿＿＿＿＿＿＿＿

委托买入方(简称乙方):＿＿＿＿＿＿＿＿＿＿＿＿＿

第一条 目的

依据国家有关法律、法规和本市有关规定,三方在自愿、平等和协商一致的基础上,就居间方接受甲乙双方的委托,促成甲、乙双方二手车交易,并完成其他委托的服务事项达成一致,订立本合同。

第二条 当事人及车辆情况

一、甲方基本情况

(1)单位代码证号□□□□□□□□□□□□□□-□,经办人＿＿＿＿＿＿＿＿＿＿,身份证号码□□□□□□□□□□□□□□□□□□,单位地址＿＿＿＿＿＿＿＿＿＿＿＿＿＿＿＿,联系电话＿＿＿＿＿＿＿＿＿＿＿＿。

(2)自然人身份证号码□□□□□□□□□□□□□□□□□□,现常住地址＿＿＿＿＿＿＿,联系电话＿＿＿＿＿＿＿＿＿＿＿＿。

二、乙方基本情况

(1)单位代码证号□□□□□□□□□□□□□□-□,经办人＿＿＿＿＿＿＿＿＿＿,身份证号码□□□□□□□□□□□□□□□□□□,单位地址＿＿＿＿＿＿＿＿＿＿＿＿＿＿＿＿,联系电话＿＿＿＿＿＿＿＿＿＿＿＿。

(2)自然人身份证号码□□□□□□□□□□□□□□□□□□,现常住地址＿＿＿＿＿＿＿,联系电话＿＿＿＿＿＿＿＿＿＿＿＿。

三、出售车辆基本情况

车辆牌号＿＿＿＿＿＿＿＿＿＿＿＿,车辆类别＿＿＿＿＿＿＿＿＿＿＿＿＿＿＿＿。

厂牌型号＿＿＿＿＿＿＿＿＿＿＿＿,颜色＿＿＿＿＿＿＿＿＿＿＿＿＿＿＿＿＿＿。

初次登记时间＿＿＿＿＿＿＿＿＿＿＿＿,登记证号＿＿＿＿＿＿＿＿＿＿＿＿＿＿。

发动机号码＿＿＿＿＿＿＿＿＿＿＿＿,车架号码＿＿＿＿＿＿＿＿＿＿＿＿＿＿。

行驶里程＿＿＿＿＿＿＿＿＿＿千米,允许使用年限至＿＿＿＿＿＿年＿＿＿月＿＿＿日。

车辆年检有效期至＿＿＿＿＿＿年＿＿＿月。

车辆购置税完税证明证号＿＿＿＿＿＿＿＿＿＿＿＿＿＿/免税(有证/无证)。

车辆保险险种:1.＿＿＿＿＿＿ 2.＿＿＿＿＿＿ 3.＿＿＿＿＿＿ 4.＿＿＿＿＿＿

其他＿＿＿＿＿＿＿＿。保险有效期截止日期:＿＿＿＿＿＿＿年＿＿＿月＿＿＿日。

配置:＿＿＿＿＿＿＿＿＿＿＿＿＿＿＿＿＿＿＿＿＿＿＿＿＿＿＿＿＿＿＿＿＿＿＿＿＿

＿＿＿＿＿＿＿＿＿＿＿＿＿＿＿＿＿＿＿＿＿＿＿＿＿＿＿＿＿＿＿＿＿＿＿＿＿＿。

其他情况:＿＿＿＿＿＿＿＿＿＿＿＿＿＿＿＿＿＿＿＿＿＿＿＿＿＿＿＿＿＿＿＿＿＿＿

＿＿＿＿＿＿＿＿＿＿＿＿＿＿＿＿＿＿＿＿＿＿＿＿＿＿＿＿＿＿＿＿＿＿＿＿＿＿。

第三条　车辆价款

经协商一致,本车价款定为人民币＿＿＿＿＿＿＿＿＿＿元(大写:＿＿＿＿＿＿＿
元),上述价款包括车辆及备胎等附件。

过户手续费为人民币＿＿＿＿＿元(大写:＿＿＿＿＿＿＿＿＿元),由＿＿＿方负责。

第四条　付款及交付、过户

1. 乙方于合同签订后(当日/＿＿日)内支付价款＿＿＿%(人民币＿＿＿元,大写:＿＿＿元)
作为定金支付给甲方;支付方式(现金/指定账户)。

2. 甲方于合同签订(当日/＿＿日)内,将本车辆存放于居间方指定地点,由居间方和乙方查验认
可,出具查验单后,由居间方代为保管或三方约定由甲方继续使用本车。甲方于合同签订后＿＿＿日内将
本车辆有关证件原件及复印件交付给乙方,并协助乙方办理过户手续。

3. 乙方于(过户/转籍)事项完成后(当日/＿＿日)内向甲方支付剩余价款(人民币＿＿＿元,大写:
＿＿＿元);支付方式:(现金/指定账户)。

第五条　佣金标准、数额、收取方式和退赔

(一)居间方已完成本合同约定的委托人甲方委托的事项,委托人甲方按照下列第＿＿＿＿种方式计
算支付佣金(任选一种):

1. 按照该二手车成交价＿＿＿＿的＿＿＿＿%,具体数额为人民币＿＿＿＿元作为佣金支付给居间方。

2. 按双方约定,佣金为人民币＿＿＿＿元,支付给居间方。

(二)居间方已完成本合同约定的委托人乙方委托的事项,委托人乙方按照下列第＿＿＿＿种方式计
算支付佣金(任选一种):

1. 按照该二手车成交价＿＿＿＿的＿＿＿＿%,具体数额为人民币＿＿＿＿元作为佣金支付给居间方。

2. 按双方约定,佣金为人民币＿＿＿＿元,支付给居间方。

(三)居间方未完成本合同委托事项,按照下列约定退还佣金:

1. 居间方未完成委托人甲方委托的事项,将本合同约定收取佣金的＿＿＿＿＿＿%,具体数额为人
民币＿＿＿＿元退还给委托人甲方,已发生费用由居间方承担。

2. 居间方未完成委托人乙方委托的事项,将本合同约定收取佣金的＿＿＿＿＿＿%,具体数额为人
民币＿＿＿＿元退还给委托人乙方,已发生费用由居间方承担。

第六条　甲方的权利和义务

甲方承诺车辆出让时不存在任何权属上的法律问题和各类尚未处理完毕的交通违章记录,所提供
的证件、证明均真实、有效,无伪造情况;否则,致使出让车辆不能过户、转籍的,乙方有权单方解除本合
同或终止本合同的履行,甲方应接受退回的车辆,全额退回车款,向居间方支付佣金和实际发生的费
用,并承担赔偿责任。

本合同有效期内,甲方委托出让的车辆根据本合同约定将存放在指定的地点,并按规定支付停车
费,因保管不善造成车辆损毁、灭失的,由责任方承担赔偿责任。

甲方不提供相关文件、证明,或未按本合同第四条第二款的约定将本车存放于指定地点,除非有正
当理由或不可抗力,否则乙方有权终止本合同并要求双倍返还定金。

第七条　乙方的权利和义务

本合同签订后,乙方应向居间方预付定金(人民币＿＿＿＿元,大写＿＿＿＿＿＿元)。

乙方履行合同后,定金抵作乙方应当支付给居间方的佣金。如乙方违约,乙方无权要求返还定金
并支付实际发生的费用;如居间方违约,应当双倍返还定金。

　　乙方如未按本合同规定的时间支付定金,甲方有权单方解除本合同,并要求乙方赔偿相应的经济损失。

　　乙方如拒绝接受甲方提供的文件、证明,除非有正当理由或不可抗力,否则甲方可单方终止本合同,并不返还定金。

　　乙方如在收取有关文件、证明后＿＿＿日内未办理(过户/转籍)手续或由于乙方的过失导致(过户/转籍)手续不能办理或不能在合理期限内完成(双方约定该合同合理期限为收取文件、证明后的＿＿＿日内),除非有正当理由或不可抗力,否则甲方可单方终止本合同,并不返还定金,已经发生的费用应由乙方承担。

第八条　居间方的权利和义务

　　居间方应向甲、乙双方出示营业执照等有效证件。

　　居间方的执业经纪人应向甲、乙双方出示经纪执业证书,并应亲自处理委托事务,未经甲、乙双方同意,不得转委托。

　　居间方应按照甲、乙双方的要求处理委托事务,报告委托事务处理情况,为甲、乙双方保守商业机密。

　　居间方应按约定或依规定收取甲、乙双方支付的款项并开具收款凭证。

　　居间方不得采取胁迫、欺诈、贿赂和恶意串通等手段促成交易。

　　居间方不得伪造、涂改、买卖交易文件、证明和凭证。

第九条　合同在履行中的变更及处理

　　本合同在履行期间,任何一方要求变更合同条款的,应及时书面通知相对方,并征得相对方的同意后,在约定的时限＿＿＿＿天内,签订补充条款,注明变更事项。未书面告知相对方并征得相对方同意,擅自变更造成的经济损失,由责任方承担。

　　本合同履行期间,三方因履行本合同而签署的补充协议及其他书面文件,均为本合同不可分割的一部分,具有同等效力。

第十条　违约责任

　　1. 三方商定,居间方有下列情况之一的,应承担违约责任:

　　(1)无正当理由解除合同的;

　　(2)与他人私下串通,损害委托人甲、乙双方利益的;

　　(3)因其他过失影响委托人甲、乙双方交易的。

　　2. 三方商定,委托人甲、乙双方有下列情况之一的,应承担违约责任:

　　(1)无正当理由解除合同的;

　　(2)未能按照合同提供必要的文件、证明和配合,造成居间方无法履行合同的;

　　(3)相互或与他人私下串通,损害居间方利益的;

　　(4)其他造成居间方无法完成委托事项的行为。

　　3. 三方商定,发生上述违约行为的,按照合同约定佣金总数的＿＿＿＿％,计人民币＿＿＿＿元违约金支付给各守约方。违约方给各守约方造成的其他经济损失,由守约方按照法律、法规的有关规定追偿。

第十一条　风险承担

　　本车在过户、转籍手续完成前由甲方作为所有人承担一切风险责任;本车在过户、转籍手续完成后乙方作为所有人承担一切风险责任。

第十二条　其他规定

　　本合同未约定的事项,按照《中华人民共和国合同法》以及有关法律、法规的规定执行。

第十三条 发生争议的解决办法

三方在履行本合同过程中发生争议，ヨ三方协商解决；协商不成功的，提请二手车交易市场或二手车交易管理协会协调。协调成功的，三方应当履行调解协议；协调不成功的，按本合同约定的下列第（　　）项进行解决：

1. 向仲裁委员会申请仲裁；

2. 向法院提起诉讼。

第十四条 合同效力和订立数量

本合同内，空格部分填写的文字，其效力优于印刷文字的效力。本合同所称"日"均指工作日。

本合同经三方当事人签字、盖章后生效；本合同一式四份，由甲方、乙方、居间方、二手车交易市场各执一份，均具有同等的法律效力。

委托出售方（甲方）（名称）：＿＿＿＿＿＿＿＿＿＿＿＿＿＿＿＿＿

法定代表人／自然人（签章）：＿＿＿＿＿＿＿＿＿＿＿＿＿＿＿

经办人（签章）：＿＿＿＿＿＿＿＿＿＿＿＿＿＿＿＿＿＿＿＿

开户银行：＿＿＿＿＿＿＿＿＿＿＿＿＿＿＿＿＿＿＿＿＿＿＿

账号：＿＿＿＿＿＿＿＿＿＿＿＿＿＿＿＿＿＿＿＿＿＿＿＿＿＿

居间方（名称）：＿＿＿＿＿＿＿＿＿＿＿＿＿＿＿＿＿＿＿＿＿

营业执照注册号：＿＿＿＿＿＿＿＿＿＿＿＿＿＿＿＿＿＿＿＿＿

法定代表人（签章）：＿＿＿＿＿＿＿＿＿＿＿＿＿＿＿＿＿＿＿

执业经纪人（签章）：＿＿＿＿＿＿＿＿＿＿＿＿＿＿＿＿＿＿＿

执业经纪人证书（编号）：＿＿＿＿＿＿＿＿＿＿＿＿＿＿＿＿＿

开户银行：＿＿＿＿＿＿＿＿＿＿＿＿＿＿＿＿＿＿＿＿＿＿＿

账号：＿＿＿＿＿＿＿＿＿＿＿＿＿＿＿＿＿＿＿＿＿＿＿＿＿＿

委托买入方（乙方）（名称）：＿＿＿＿＿＿＿＿＿＿＿＿＿＿＿

法定代表人／自然人（签章）：＿＿＿＿＿＿＿＿＿＿＿＿＿＿＿

经办人（签章）：＿＿＿＿＿＿＿＿＿＿＿＿＿＿＿＿＿＿＿＿

开户银行：＿＿＿＿＿＿＿＿＿＿＿＿＿＿＿＿＿＿＿＿＿＿＿

账号：＿＿＿＿＿＿＿＿＿＿＿＿＿＿＿＿＿＿＿＿＿＿＿＿＿＿

4.2.2 二手车拍卖

二手车拍卖是建立在公开透明、公正交易的原则上，买卖双方信息沟通比较畅通，通过一个平等互信的中介平台，完成二手车交易。二手车拍卖交易周期短、兑现快，成交价贴近市场真实价格，因而备受消费者青睐。二手车拍卖有现场拍卖和网上拍卖两种拍卖形式。

（1）二手车现场拍卖

二手车现场拍卖是在现场公开环境下进行的。现场拍卖会十分直观,能够现场看车、现场竞价成交,拍卖行现场有拍卖师喊价与确认成交。现场拍卖交易流程如图4.4所示。

（2）二手车网上拍卖

网上拍卖是二手车拍卖公司利用互联网发布拍卖信息,公布拍卖车辆技术参数和直观图片,通过网上竞价、网下交接,将二手车转让给超过拍卖底价的最高应价者的经营活动。网上拍卖是在虚拟网络环境下进行,竞价者不受地域限制、不受现场气氛影响,能够自由竞价。网络拍卖扩大了二手车交易的范围,同时降低了拍卖成本。网络拍卖交易过程如图4.5所示。

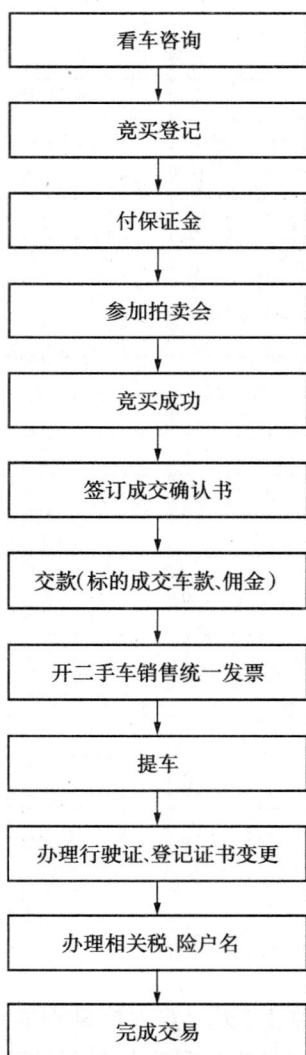

看车咨询	注册
竞买登记	浏览商品,确认拍卖标的
付保证金	在指定账号存入保证金
参加拍卖会	参加网上拍卖会
竞买成功	竞买成功
签订成交确认书	拍卖方以电话等形式进行通知确认
交款(标的成交车款、佣金)	交款(标的成交车款、佣金)
开二手车销售统一发票	开二手车销售统一发票
提车	提车
办理行驶证、登记证书变更	办理行驶证、登记证书变更
办理相关税、险户名	办理相关税、险户名
完成交易	完成交易

图4.4 二手车现场拍卖　　图4.5 二手车网络拍卖

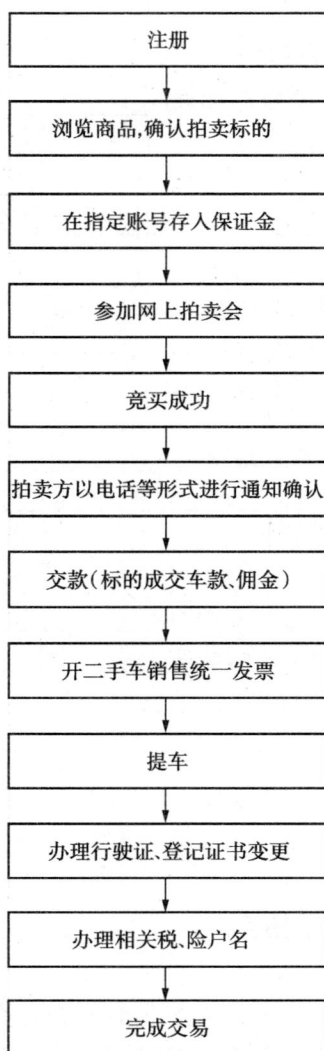

认识二手车拍卖

思政小窗口

公车改革——紧跟市场动态，提升职业素养

2014 年 7 月，中共中央办公厅、国务院办公厅印发《关于全面推进公务用车制度改革的指导意见》，标志着公车改革正式启动。按照新方案，中国取消副部级以下领导干部用车，取消一般公务用车。普通公务出行社会化，适度发放公务交通补贴。公车改革之后，对于大量的公车，政府部门委托专业的二手车拍卖公司进行拍卖。

2021 年重庆的一次拍卖会上，有 34 辆公车参拍，供市民选择，车型涵盖 20 多种，有商务人士喜欢的雅阁、帕萨特、凯美瑞、天籁、奔腾、君威，也有旅游达人钟爱的陆地巡洋舰 4.7 L、发现 3 4.0 T、汉兰达 2.7 L 等越野车，还有大型客车柯斯达 2.7 L 手动 20 座、柯斯达 2.7 L 手动 13 座等供竞买人选择，以及桑塔纳、伊兰特、宝来、金牛星等经济适用车型。在起拍价格方面，3 000 元以内的有 5 辆，4 000~10 000 元 18 辆，10 000 元以下的车辆占整个参拍车辆的 67%。

可见，此项改革不仅缓解了公务用车费用高、财政负担重、使用效率低等问题，顺应社会各界期待的同时，参拍公车成了二手车市场上的"香饽饽"，深受市场和消费者欢迎。

回答下列问题

郭先生（第 9 页情景描述）和 4S 店达成了交易意向，试分析郭先生是否应与该店签订《二手车居间合同》。若是，请替郭先生完成居间合同；若否，请简述原因。

_____

_____

_____

_____

_____

完成下列任务

组织一场现场拍卖会,拍卖标的是郭先生的车(第9页情景描述),并简单描述其过程。

_____

_____

_____

_____

_____

_____

任务 4.3　二手车经营销售

学习目的

（1）认识二手车收购定价的方法；
（2）认识二手车销售程序和定价方法；
（3）认识二手车质量保证和售后服务的重要性。

学习信息

　　二手车经销是指二手车销售企业收购、销售二手车的经营活动。汽车品牌经销商开展二手车和新车置换、销售置换二手车也是一种二手车经销行为。

二手车置换

4.3.1　二手车收购

　　（1）二手车收购评估与鉴定评估的区别

　　二手车的收购是二手车交易市场的经营业务之一。二手车收购评估与鉴定评估的实质都是对二手车作现时价格评估，但两者有明显的区别，主要表现在以下方面：

　　①二者评估的主体不同。二手车收购评估的主体是买卖当事人，是以购买者的身份与卖方进行的价格估算与洽谈，可以讨价还价、自由定价。而二手车鉴定评估是公正性、服务性的买卖中间人遵循独立原则，反映客观价值，不可随意变动。

　　②二者评估的目的不同。二手车收购评估是购买者当事人以经营为目的估算车辆价格，以求把握事实真相，心中有数的与卖家讨价还价。二手车鉴定评估是受委托人委托，为被评估对象将要发生的经济行为提供价值依据，是以服务为目的的。

　　③二者评估的思想和方法不同。二手车收购评估接受国家有关评估法规指导，参照评估标准和方法进行，具有灵活性。二手车鉴定评估要求严格遵循国家颁布的有关评估法规，具有约束性。

　　④二者评估的价值概念不同。鉴定评估与收购评估的价值概念都具有交易价值和市场价值，但是收购价格受快速变现原则影响，其价格大大低于"市场价格"。

　　（2）二手车收购定价的影响因素

　　①车辆的总体价值，包括车辆实体的产品价值和各项手续的价值。

②二手车收购后应支出的费用,包括保险费、日常维护费、停车费、收购支出的货币利息和其他管理费等。

③市场宏观环境的变化,包括国家宏观政策、国家和地方法规的变化以及这些影响导致的车辆经济性贬值。

④市场微观环境的变化,主要是新车价格的变动以及新车型上市对收购价格的影响。

⑤经营的需要,例如库存车辆的多少、某一车型的积压/断档情况等。

⑥品牌知名度和维修服务条件。例如一汽、上汽等国内颇具实力的企业,其产品具有很高的品牌知名度,技术相对成熟,维修服务体系健全,二手车收购定价可以适当提高。

(3)二手车收购定价的方法

二手车收购价格的确定是在被收购车辆手续齐全的前提下,根据其特定目的,在二手车鉴定估价的基础上,充分考虑市场供求关系,对评估的价格作快速变现的特殊处理。如果被收购车辆手续缺失并能以货币支出补办,则收购价格应扣除补办手续的货币、时间和精力的支出成本。

确定二手车收购价格的方法主要是运用清算价格法。使用重置成本法或现行市价法对二手车进行鉴定估价,然后根据快速变现原则估定折扣率,将被收购车辆的估计价格乘以折扣率,即得二手车的收购价格,也即

$$收购价格 = 评估价格 × 折扣率 \qquad (4.1)$$

折扣率是指车辆能够当即出售的清算价格与评估价格之比,它是经营者对市场销售情况充分调查和了解后凭经验而估算的。

式(4.1)乍看之下与式(3.14)形式相似,但式(3.14)计算的是评估价格,式(4.1)计算的是收购价格,两者存在区别,不过两者同样应用了公平价格打折这一原理。

4.3.2 二手车销售

(1)二手车销售程序

由于二手车销售企业能够直接给购车者开具二手车销售统一发票,所以只要购车者和二手车销售企业达成交易意向,双方即可签订二手车交易合同;购车者付清车款后,企业按照规定给购车者开具二手车销售统一发票,购车者就可以凭发票和相关证件去管理部门办理车辆相关证件的户名变更了。这种交易的程序如图4.6所示。

而有关车辆的合法性手续,二手车销售企业在收购车时已经查验过,可以通过二手车交易合同加以保证。

(2)二手车销售定价

在二手车收购与销售经营活动中,二手车的销售价格是决

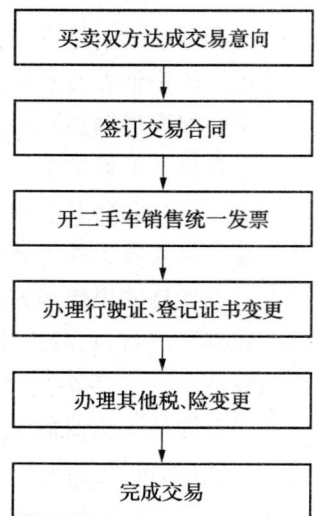

买卖双方达成交易意向

↓

签订交易合同

↓

开二手车销售统一发票

↓

办理行驶证、登记证书变更

↓

办理其他税、险变更

↓

完成交易

图 4.6 二手车销售交易程序

定二手车经销企业收入和利润的唯一因素。因此,企业必须根据成本、需求、竞争及国家方针、政策、法规并运用一定的定价方法、技巧和艺术来对其产品制订切实可行的价格政策。为了使定价工作有效、顺利地进行,保证定价工作的规范化,可以按图4.7所示的定价程序进行。

1)二手车销售定价影响因素

①成本因素,包括固定成本费用、固定成本费用摊销率和变动成本费用。

固定成本是指在既定的经营目标为,不随收购车辆的变化而变化的成本费用,例如分摊到这一经营项目的固定资产折旧、管理人员工资等。

固定成本摊销率是指单位收购价值所包含的固定成本费用,即固定成本费用与收购车辆总价值之比。例如某企业预计年度收购100万元价值的车辆,分摊固定成本费用1万元,则单位固定成本费用摊销率为1%;如花费4万元收购一辆二手车,则应将400元计入固定成本费用。

变动成本费用指收购车辆随收账价格和其他费用而相应变动的费用,主要包括车辆实体的价格、运输费、保险费、维修翻新费等。

由上面的成本分析可知,一辆二手车收购的总成本为:

$$二手车总成本费用 = 收购价格 × 固定成本费用摊销率 + 变动成本费用 \qquad (4.2)$$

②供求关系。在市场经济中,产品的价格由买卖双方的相互作用来决定,决定价格的基本因素有两个,即供给与需求。若供大于求,价格会下降;若供小于求,价格则会上升,这就是市场供求影响价格规律。

价格受供求影响而有规律的变动过程中,不同商品的变动幅度是不一样的,因此销售定价时还要考虑需求价格弹性,即因价格变动而引起的需求相应变动率。二手车的需求弹性较强,即二手车价格上升(下降)会引起需求量较大幅度的减少(增加)。因此,在二手车销售定价时,应该把价格定低一些,以薄利多销达到增加盈利、服务顾客的目的。

③竞争状况。在二手车供不应求时,企业可以自由选择定价方式;而在供大于求时,竞争必然加剧,定价方式只能被动地根据市场竞争的需要来进行。二手车销售定价需要考虑本地区同行业竞争对手的价格情况,根据自己的市场地位和定价目标确定自己的价格水平。

④国家政策法令。任何国家对物价都有适度的管理,管理的方式可以是通过物价部门直接对企业定价进行干预,也可以用一些财政、税收手段对企业定价实行间接影响。

2)二手车销售定价的目标

二手车销售定价的目标是指二手车经销企业通过制订价格水平,凭借价格产生的效用来达到预期目的。企业定价目标主要有两大类,即获取利润和占领市场。

①获取利润。利润是考核和分析二手车经销企业营销工作好坏的一项综合指标,是二手车经销企业最主要的资金来源。以利润为定价目标有3种具体形式:

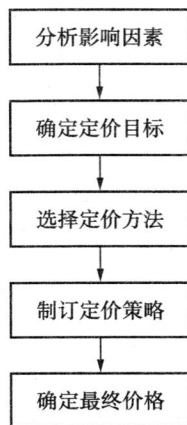

図4.7　二手车销售定价程序

```
┌──────────────┐
│  分析影响因素  │
└──────┬───────┘
       ↓
┌──────────────┐
│  确定定价目标  │
└──────┬───────┘
       ↓
┌──────────────┐
│  选择定价方法  │
└──────┬───────┘
       ↓
┌──────────────┐
│  制订定价策略  │
└──────┬───────┘
       ↓
┌──────────────┐
│  确定最终价格  │
└──────────────┘
```

a.获取预期收益:二手车经销企业以预期利润为定价基点,以利润加上完全成本构成销售价格,从而获得预期收益的一种定价方式。预期收益有长期和短期之分。

b.获取最大利润:二手车经销企业在一定时期内,综合考虑各种因素后,以总收入减去总成本的最大差额为基点确定二手车销售价格,以取得最大利润的一种定价方法。

c.获取合理利润:二手车经销企业在正常的社会平均成本基础上,适当加上一定量的利润作为二手车销售价格,以获取正常情况下的合理利润的一种定价方法。

②占领市场。对二手车经销企业来说,市场占有率就是某企业二手车销售量或销售额在同行业市场销售总量中的比例,是企业经营状况和企业竞争力的直接反映。有资料表明,企业利润与市场占有率正向相关,说明提高市场占有率是增加企业利润的有效途径。

由于企业所处的市场营销环境不同,自身条件与营销目标不同,企业定价目标也大相径庭。二手车经销企业应综合考虑市场环境、自身实力及经营目标,将利润目标和市场占有率目标结合起来,兼顾企业眼前利益和长远利益来确定适当的定价目标。

3)二手车销售定价的方法

定价方法是二手车经销企业实现其定价目标所采用的具体方法。根据企业的定价目标,计算方法有成本导向定价、需求导向定价和竞争导向定价三大类。

①成本导向定价类分为成本加成定价法、目标收益定价法、边际成本定价法等。其中,成本加成定价法应用普遍。

成本加成定价法是按照单位产品总成本加上一定百分比的利润(成本加成率)来形成销售价格,即:

$$二手车销售价格 = 单位完全成本 \times (1 + 成本加成率) \tag{4.3}$$

单位完全成本是指一辆二手车的总成本费用,包括这辆车应该摊销的固定成本和变动成本之和。

采用成本加成法的关键在于确定成本加成率。由于二手车的需求弹性较大,应把销售价格定得低一些。用进货成本来衡量,其加成率为:

$$加成率 = \frac{毛利}{进货成本} \tag{4.4}$$

②需求导向定价又称为"顾客导向定价法""市场导向定价法",它不是根据二手车成本状况来定价,而是根据市场需求变化和消费者对二手车的感觉差异来确定价格,销售价格随需求的变化而变化。

③竞争导向定价是企业根据自身的竞争力,参考成本和供求情况,将价格定得高于、等于或低于竞争对手价格,以实现企业定价目标和总体经营战略目标,谋求企业的生存和发展的一种定价方法。

4)二手车销售定价的策略

二手车销售定价策略是指二手车经销企业根据市场中不同变化因素对二手车价格的影响程度,采用不同的定价方法,制订出适合市场变化的二手车销售价格,进而实现定价目标的营销战术。

①阶段定价策略:根据产品寿命周期各阶段不同的市场特征而采取不同的定价目标和对策,例如投入期以打开市场为主、成长期以获取目标利润为主。

②心理定价策略:在补偿成本的基础上,分别针对注重经济实惠、追求名牌产品等不同需求心理确定价格水平和变价幅度,如尾数定价策略就是针对求廉心理。

③折扣定价策略:随着企业内外环境变化,根据交易数量、付款方式等条件的不同,在价格上给消费者一定的减让,即折扣。灵活运用价格折扣策略,可以鼓励需求、刺激购买。

5)二手车销售最终价格的确定

二手车经销企业通过以上程序制订的价格只是基本价格。为了实现定价目标,二手车经销企业还需要考虑国家的价格政策、用户的要求、产品的性价比、品牌价值及服务水平,应用各种灵活的定价战术对基本价格进行调整,同时将价格策略和其他营销策略结合起来,如针对不同消费心理定价和让利促销的各种折扣定价等,以确定具体的最终价格。

办理二手车金融业务　　　熟知二手车客户消费心理

思政小窗口

> **加深诚信服务意识,开创多方共赢局面**
>
> 2015年,某知名二手车电商平台成立。"没有中间商赚差价"——这一广告语凭借其朗朗上口的形式、通俗易懂的语言,在铺天盖地的广告投放的推波助澜下,直达二手车消费者的心坎,从而变得家喻户晓。
>
> 然而,这笔账真的划算吗?
>
> 从理论上说,因为减少了中间环节,也就减少了每一级中间环节都必要赚取的利润和分摊的成本,因而确实可以使得二手车的买家购得更低价的产品,以及二手车的卖家获得较高的价格收益。然而,仔细思考就会发现,现实中可能并非如此——虽然没有中间商赚差价,但是代理商却成了最大的中间商,而"差价"也以"服务费""手续费"等形式收入代理商囊中。
>
> 当然,企业赚取利润天经地义。作为二手车电商新零售阶段的领先企业,如能集中精力大力发展自身优势,例如投放更多资源在其一直为用户提供的二手车检测评估、居间撮合、汽车金融、售后保障等服务上,想必是消费者和业内人士都喜闻乐见的,也必能更好地助推企业发展。

4.3.3 二手车质量保证

(1)二手车质量保证概述

二手车质量保证是在二手车销售的同时,销售商承诺对车辆进行有条件、有范围、有期限的质量保证,并切实履行承诺的责任和义务。

二手车的质量保证是二手车销售环节中的一个不可或缺的重要环节。二手车经销企业向消费者提供质量保证不仅可以保护消费者权益,促进二手车行业规范发展,也有利于经营品牌的创立及新的交易方式的开辟。

(2)二手车质量保证前提及质保期

二手车质量保证很重要,但并不是所有销售的二手车都能得到质量保证。根据我国目前二手车市场的发展水平,这种质量保证是有限的。《二手车交易规范》规定:

①二手车质量保证只对二手车经销企业有要求,对直接交易、经纪、拍卖和鉴定评估等中介交易形式无要求。

②二手车经销企业向最终用户提供二手车质量保证的前提是:使用年限在3年以内或行驶里程在6万千米以内的车辆(以先到者为准,营运车辆除外)。

③二手车经销企业向最终用户销售二手车时,应向用户提供不少于3个月或5 000千米(以先到者为准)的质量保证。

④二手车质量保证范围为发动机系统、转向系统、传动系统、制动系统和悬架系统等。

(3)二手车售后服务

如果说二手车经销企业在向最终用户销售二手车时提供质量保证是让买主买得放心,那么,同时向用户提供售后服务则是让买主用得放心。《二手车交易规范》对二手车售后服务进行了以下规定:

①二手车经销企业向最终用户提供售后服务时,应向其提供售后服务清单。

②在提供售后服务的过程中,不得擅自增加未经客户同意的服务项目。

③二手车经销企业应建立售后服务技术档案,并且售后服务技术档案的保存时间不少于3年。售后服务技术档案包括以下内容:

a.车辆基本资料,主要包括车辆品牌型号、车辆号码、发动机号、车辆识别码、出厂日期、使用性质、最近一次转移登记日期、销售时间和地点等。

b.客户基本资料,主要包括客户姓名、地址、职业和联系方式等。

c.维修保养记录,主要包括维修保养时间、里程和项目等。

有了质量保证和售后服务的承诺,再加上交易合同的保证,车辆的真实信息将难以隐瞒,二手车交易变得更加透明,真正成为一种阳光交易。

回答下列问题

如果你是二手车经销商,谈谈你将会为你的二手车质量保证和售后服务分别制订哪些政策和内容?

_____

_____

_____

_____

_____

_____

完成下列任务:

1.如果你是 B 4S 店工作人员,你会以什么价格收购郭先生的车(第9页情景描述)? 又会以怎样的价格销售? 简述原因。

_____

_____

_____

_____

_____

_____

2.替郭先生签订下列《二手车置换合同》。

二手车置换合同

合同编号：_____

甲方：_____ 法定代表人：_____

地址：_____ 电话号码：_____

身份证号码：_____

乙方：_____ 法定代表人：_____

地址：_____ 电话号码：_____

根据《中华人民共和国合同法》《二手车流通管理办法》等有关法律、法规、规章的规定，就二手车置换事宜，甲乙双方在平等、自愿、协商一致的基础上签订本合同。

第一条 甲方依法出售具备以下条件的二手车：

车主名称：_____ 品牌型号：_____

首次上牌时间：_____ 车牌号：_____

发动机号：_____ VIN 号：_____

二手车状况说明见附件一。

二手车相关凭证见附件二。

第二条 乙方依法出售具备以下条件的新车：

品牌车型：_____ 车辆识别码：_____

车身颜色：_____ 内饰颜色：_____

新车交车文件见附件三。

第三条 车辆价款、过户手续费及支付时间、方式

1. 车辆价款及过户手续费

新车价款为人民币（大写）_____元（小写_____元）。

二手车价款（不含税费或其他费用）为人民币（大写）_____元（小写_____元）。

新车与二手车差额款为人民币（大写）_____元（小写_____元）。

过户手续费（包含税费）为人民币（大写）_____元（小写_____元）。

2. 支付时间和方式

甲方应于_____年_____月_____日在_____（地点）同乙方当面验收车辆及审验相关文件，并自验收、审验无误起_____个工作日内向乙方支付差额款。

过户手续费由_____方承担。_____方应于本合同签订之日起_____个工作日内，将过户手续费支付给双方约定的过户手续办理方。

第四条 车辆的过户、支付及风险承担

_____方应于本合同签订之日起_____个工作日内，将办理本车过户、转籍手续所需的一切有关证件、资料的原件及复印件交给_____方，该方为过户手续办理方。

乙方应在收到第三条所规定的款项后，在_____个工作日内协助甲方办理完车辆过户、转籍手续。

甲方应与本车过户、转籍手续办理完成后_____个工作日内在_____（地点）向乙方交付车辆及相关凭证。

在二手车交付乙方之前所发生的所有风险由甲方承担和负责处理，在二手车交付乙方之后所发生的所有风险由乙方承担和负责处理。

乙方应在收到第三条所规定的款项后，在_____个工作日内协助甲方办理完新车验车上牌手续并向甲方支付车辆。

第五条　双方的权利和义务

1. 甲乙双方应按本合同规定的支付金额及方式按时支付相应款项。

2. 甲乙双方应按照本合同规定的时间、地点向对方交付车辆。

3. 甲方应保证合法享有所售二手车的所有权或处置权，且该车符合相关规定能够依法办理过户、转籍手续。

4. 甲方保证所出示及提供的与二手车有关的一切证件、证明及信息合法、真实、有效。

5. 甲方在购新车时应认真检查乙方所提供的车辆证件、手续是否齐全，应对所购新车的使用性能及外观进行认真检查、确认。

6. 乙方所提供的新车保证为全新车，并做完相关测试和检验，无划痕、瑕疵。

7. 乙方保证甲方享有新车品牌提供的所有售后服务内容。

第六条　违约责任

1. 甲方向乙方提供的有关车辆信息不真实，乙方有权要求甲方赔偿因此造成的损失。

2. 甲方未按合同的约定将本车及其相关凭证交付乙方的，逾期每日按本车价款总额的_____%向乙方支付违约金。

3. 甲方未按照合同约定支付本车价款的，逾期每日按本车价款总额的_____%向乙方支付违约金。

4. 因甲方原因致使车辆在约定时间内不能办理过户、转籍手续的，乙方有权要求甲方返还车辆并承担一切损失；因乙方原因致使车辆在约定时间内不能办理过户、转籍手续的，甲方有权要求乙方返还车辆价款总额并承担一切损失。

5. 任何一方违反本合同约定的，均应赔偿由此给对方造成的损失。

第七条　合同争议的解决方式

本合同项下的争议，由双方当事人协商或申请调解解决；协商或调解解决不成，任何一方均可按下列第_____种方式解决：

1. 提交_____仲裁委员会仲裁；

2. 依法向有管辖权的人民法院提起诉讼。

第八条　合同的生效

本合同一式_____份，自双方当事人签字或盖章之日起生效。

本合同生效后，双方对合同内容的变更或补充应采取书面形式，并作为本合同的附件。附件与本合同具有同等的法律效力。

第九条　其他约定

附件一：车辆状况说明书（车辆信息表）

附件二:车辆相关凭证

1)购车(过户)发票

2)《机动车行驶证》

3)《机动车登记证书》

4)车辆购置税完税证明

5)车辆路桥费缴付凭证

6)车船使用税缴付凭证

7)车辆年检字标、环保标

附件三:新车交付文件

1)汽车销售发票

2)货物进口证明书(进口车适用)

3)进口商品检验单(进口车适用)

4)保养手册

5)使用说明书

6)随车工具及附件清单

7)其他:_____

甲方:_____(签章)

开户银行:_____

账号:_____

户名:_____

日期:_____

乙方:_____(签章)

开户银行:_____

账号:_____

户名:_____

日期:_____

3.对比郭先生(第9页情景描述)在任务3.6获得的《二手车鉴定评估报告书》和上题中签订的《二手车置换合同》,分析两份文件中车辆价格的差异,说说产生这种差别的原因。

_____

_____

_____

_____

_____

项目4 学生学习目标检查表

你是否在教师的帮助下成功地完成了项目学习目标所设计的学习活动	
	肯定回答
专业能力	
认识二手车交易的不同类型和流程	
认识二手车收售定价方法及售后质量保证	
关键能力	
你是否根据已有的学习步骤、标准完成了资料的收集、分析、组织	
你是否能标准、有效和正确地进行交流	
你是否按计划有组织地活动,是否沿着学习目标努力	
你是否尽量利用学习资源完成学习目标	
完成情况 　　所有上述表格必须是肯定回答。如果不是,应咨询教师是否需要增加学习活动,以达到要求的技能。 教师签字＿＿＿＿＿＿＿＿＿＿＿＿＿ 学生签字＿＿＿＿＿＿＿＿＿＿＿＿＿ 完成时间和日期＿＿＿＿＿＿＿＿＿＿＿＿＿	

附　录

附录一　机动车强制报废标准规定

中华人民共和国商务部、中华人民共和国国家发展和改革委员会、

中华人民共和国公安部、中华人民共和国环境保护部令

2012 年第 12 号

《机动车强制报废标准规定》已经 2012 年 8 月 24 日商务部第 68 次部务会议审议通过，并经发展改革委、公安部、环境保护部同意，现予发布，自 2013 年 5 月 1 日起施行。《关于发布〈汽车报废标准〉的通知》（国经贸经〔1997〕456 号）、《关于调整轻型载货汽车报废标准的通知》（国经贸经〔1998〕407 号）、《关于调整汽车报废标准若干规定的通知》（国经贸资源〔2000〕1202 号）、《关于印发〈农用运输车报废标准〉的通知》（国经贸资源〔2001〕234 号）、《摩托车报废标准暂行规定》（国家经贸委、发展计划委、公安部、环保总局令〔2002〕第 33 号）同时废止。

机动车强制报废标准规定

第一条　为保障道路交通安全、鼓励技术进步、加快建设资源节约型、环境友好型社会，根据《中华人民共和国道路交通安全法》及其实施条例、《中华人民共和国大气污染防治法》《中华人民共和国噪声污染防治法》，制定本规定。

第二条　根据机动车使用和安全技术、排放检验状况，国家对达到报废标准的机动车实施强制报废。

第三条　商务、公安、环境保护、发展改革等部门依据各自职责，负责报废机动车回收拆解监督管理、机动车强制报废标准执行有关工作。

第四条　已注册机动车有下列情形之一的应当强制报废，其所有人应当将机动车交售给报废机动车回收拆解企业，由报废机动车回收拆解企业按规定进行登记、拆解、销毁等处理，并将报废机动车登记证书、号牌、行驶证交公安机关交通管理部门注销：

（一）达到本规定第五条规定使用年限的；

（二）经修理和调整仍不符合机动车安全技术国家标准对在用车有关要求的；

（三）经修理和调整或者采用控制技术后，向大气排放污染物或者噪声仍不符合国家标准对在用车有关要求的；

（四）在检验有效期届满后连续 3 个机动车检验周期内未取得机动车检验合格标志的。

第五条　各类机动车使用年限分别如下：

（一）小、微型出租客运汽车使用 8 年，中型出租客运汽车使用 10 年，大型出租客运汽车使用 12 年；

（二）租赁载客汽车使用 15 年；

（三）小型教练载客汽车使用 10 年，中型教练载客汽车使用 12 年，大型教练载客汽车使用 15 年；

（四）公交客运汽车使用 13 年；

（五）其他小、微型营运载客汽车使用 10 年，大、中型营运载客汽车使用 15 年；

（六）专用校车使用 15 年；

（七）大、中型非营运载客汽车（大型轿车除外）使用 20 年；

（八）三轮汽车、装用单缸发动机的低速货车使用 9 年，装用多缸发动机的低速货车以及微型载货汽车使用 12 年，危险品运输载货汽车使用 10 年，其他载货汽车（包括半挂牵引车和全挂牵引车）使用 15 年；

（九）有载货功能的专项作业车使用 15 年，无载货功能的专项作业车使用 30 年；

（十）全挂车、危险品运输半挂车使用 10 年，集装箱半挂车 20 年，其他半挂车使用 15 年；

（十一）正三轮摩托车使用 12 年，其他摩托车使用 13 年。

对小、微型出租客运汽车（纯电动汽车除外）和摩托车，省、自治区、直辖市人民政府有关部门可结合本地实际情况，制定严于上述使用年限的规定，但小、微型出租客运汽车不得低于 6 年，正三轮摩托车不得低于 10 年，其他摩托车不得低于 11 年。

小、微型非营运载客汽车、大型非营运轿车、轮式专用机械车无使用年限限制。

机动车使用年限起始日期按照注册登记日期计算，但自出厂之日起超过 2 年未办理注册登记手续的，按照出厂日期计算。

第六条 变更使用性质或者转移登记的机动车应当按照下列有关要求确定使用年限和报废：

（一）营运载客汽车与非营运载客汽车相互转换的，按照营运载客汽车的规定报废，但小、微型非营运载客汽车和大型非营运轿车转为营运载客汽车的，应按照本规定附件 1 所列公式核算累计使用年限，且不得超过 15 年；

（二）不同类型的营运载客汽车相互转换，按照使用年限较严的规定报废；

（三）小、微型出租客运汽车和摩托车需要转出登记所属地省、自治区、直辖市范围的，按照使用年限较严的规定报废；

（四）危险品运输载货汽车、半挂车与其他载货汽车、半挂车相互转换的，按照危险品运输载货车、半挂车的规定报废。

距本规定要求使用年限 1 年以内（含 1 年）的机动车，不得变更使用性质、转移所有权或者转出登记地所属地市级行政区域。

第七条 国家对达到一定行驶里程的机动车引导报废。

达到下列行驶里程的机动车，其所有人可以将机动车交售给报废机动车回收拆解企业，由报废机动车回收拆解企业按规定进行登记、拆解、销毁等处理，并将报废的机动车登记证书、号牌、行驶证交公安机关交通管理部门注销：

（一）小、微型出租客运汽车行驶 60 万千米，中型出租客运汽车行驶 50 万千米，大型出

租客运汽车行驶 60 万千米;

（二）租赁载客汽车行驶 60 万千米;

（三）小型和中型教练载客汽车行驶 50 万千米,大型教练载客汽车行驶 60 万千米;

（四）公交客运汽车行驶 40 万千米;

（五）其他小、微型营运载客汽车行驶 60 万千米,中型营运载客汽车行驶 50 万千米,大型营运载客汽车行驶 80 万千米;

（六）专用校车行驶 40 万千米;

（七）小、微型非营运载客汽车和大型非营运轿车行驶 60 万千米,中型非营运载客汽车行驶 50 万千米,大型非营运载客汽车行驶 60 万千米;

（八）微型载货汽车行驶 50 万千米,中、轻型载货汽车行驶 60 万千米,重型载货汽车(包括半挂牵引车和全挂牵引车)行驶 70 万千米,危险品运输载货汽车行驶 40 万千米,装用多缸发动机的低速货车行驶 30 万千米;

（九）专项作业车、轮式专用机械车行驶 50 万千米;

（十）正三轮摩托车行驶 10 万千米,其他摩托车行驶 12 万千米。

第八条 本规定所称机动车是指上道路行驶的汽车、挂车、摩托车和轮式专用机械车;非营运载客汽车是指个人或者单位不以获取利润为目的的自用载客汽车;危险品运输载货汽车是指专门用于运输剧毒化学品、爆炸品、放射性物品、腐蚀性物品等危险品的车辆;变更使用性质是指使用性质由营运转为非营运或者由非营运转为营运,小、微型出租、租赁、教练等不同类型的营运载客汽车之间的相互转换,以及危险品运输载货汽车转为其他载货汽车。本规定所称检验周期是指《中华人民共和国道路交通安全法实施条例》规定的机动车安全技术检验周期。

第九条 省、自治区、直辖市人民政府有关部门依据本规定第五条制定的小、微型出租客运汽车或者摩托车使用年限标准,应当及时向社会公布,并报国务院商务、公安、环境保护等部门备案。

第十条 上道路行驶拖拉机的报废标准规定另行制定。

第十一条 本规定自 2013 年 5 月 1 日起施行。2013 年 5 月 1 日前已达到本规定所列报废标准的,应当在 2014 年 4 月 30 日前予以报废。《关于发布〈汽车报废标准〉的通知》(国经贸经〔1997〕456 号)、《关于调整轻型载货汽车报废标准的通知》(国经贸经〔1998〕407 号)、《关于调整汽车报废标准若干规定的通知》(国经贸资源〔2000〕1202 号)、《关于印发〈农用运输车报废标准〉的通知》(国经贸资源〔2001〕234 号)、《摩托车报废标准暂行规定》(国家经贸委、发展计划委、公安部、环保总局令〔2002〕第 33 号)同时废止。

附件 1

非营运小、微型载客汽车和大型轿车

变更使用性质后累计使用年限计算公式

$$累计使用年限 = 原状态已使用年 + \left(1 - \frac{原状态已使用年}{原状态使用年限}\right) \times 状态改变后年限$$

备注:公式中原状态已使用年中不足一年的按一年计算,例如,已使用 2.5 年按照 3 年计算;原状态使用年限数值取定值为 17;累计使用年限计算结果向下圆整为整数,且不超过 15 年。

附件 2

机动车使用年限及行驶里程参考值汇总表

车辆类型与用途					使用年限/年	行驶里程参考值/万千米
汽车	载客	营运	出租客运	小、微型	8	60
				中型	10	50
				大型	12	60
			租赁		15	60
			教练	小型	10	50
				中型	12	50
				大型	15	60
			公交客运		13	40
			其他	小、微型	10	60
				中型	15	50
				大型	15	80
			专用校车		15	40
		非营运	小、微型客车、大型轿车*		无	60
			中型客车		20	50
			大型客车		20	60
	载货		微型		12	50
			中、轻型		15	60
			重型		15	70
			危险品运输		10	40
	专项作业		三轮汽车、装用单缸发动机的低速货车		9	无
			装用多缸发动机的低速货车		12	30
			有载货功能		15	50
			无载货功能		30	50
挂车		半挂车	集装箱		20	无
			危险品运输		10	无
			其他		15	无
		全挂车			10	无
摩托车			正三轮		12	10
			其他		13	12
轮式专用机械车					无	50

注：1. 表中机动车主要依据《机动车类型术语和定义》(GA 802—2008)进行分类；标注 * 车辆为乘用车。

2. 对小、微型出租客运汽车(纯电动汽车除外)和摩托车，省、自治区、直辖市人民政府有关部门可结合本地实际情况，制定严于表中使用年限的规定，但小、微型出租客运汽车不得低于 6 年，正三轮摩托车不得低于 10 年，其他摩托车不得低于 11 年。

附录二 二手车流通管理办法(2017 修正)

2005 年 8 月 29 日商务部、公安部、国家工商行政管理总局、国家税务总局 2005 年第 2 号令公布

根据 2017 年 9 月 14 日《商务部关于废止和修改部分规章的决定》修正。

第一章 总 则

第一条 为加强二手车流通管理,规范二手车经营行为,保障二手车交易双方的合法权益,促进二手车流通健康发展,依据国家有关法律、行政法规,制定本办法。

第二条 在中华人民共和国境内从事二手车经营活动或者与二手车相关的活动,适用本办法。

本办法所称二手车,是指从办理完注册登记手续到达到国家强制报废标准之前进行交易并转移所有权的汽车(包括三轮汽车、低速载货汽车,即原农用运输车,下同)、挂车和摩托车。

第三条 二手车交易市场是指依法设立、为买卖双方提供二手车集中交易和相关服务的场所。

第四条 二手车经营主体是指经工商行政管理部门依法登记,从事二手车经销、拍卖、经纪、鉴定评估的企业。

第五条 二手车经营行为是指二手车经销、拍卖、经纪、鉴定评估等。

(一)二手车经销是指二手车经销企业收购、销售二手车的经营活动;

(二)二手车拍卖是指二手车拍卖企业以公开竞价的形式将二手车转让给最高应价者的经营活动;

(三)二手车经纪是指二手车经纪机构以收取佣金为目的,为促成他人交易二手车而从事居间、行纪或者代理等经营活动;

(四)二手车鉴定评估是指二手车鉴定评估机构对二手车技术状况及其价值进行鉴定评估的经营活动。

第六条 二手车直接交易是指二手车所有人不通过经销企业、拍卖企业和经纪机构将车辆直接出售给买方的交易行为。二手车直接交易应当在二手车交易市场进行。

第七条 国务院商务主管部门、工商行政管理部门、税务部门在各自的职责范围内负责二手车流通有关监督管理工作。

省、自治区、直辖市和计划单列市商务主管部门(以下简称"省级商务主管部门")、工商行政管理部门、税务部门在各自的职责范围内负责辖区内二手车流通有关监督管理工作。

第二章 设立条件和程序

第八条 二手车交易市场经营者、二手车经销企业和经纪机构应当具备企业法人条件,并依法到工商行政管理部门办理登记。

第九条 设立二手车拍卖企业(含外商投资二手车拍卖企业)应当符合《中华人民共和国拍卖法》和《拍卖管理办法》有关规定,并按《拍卖管理办法》规定的程序办理。

第十条 外资并购二手车交易市场和经营主体及已设立的外商投资企业增加二手车经营范围的,应当按第十一条、第十二条规定的程序办理。

第三章 行为规范

第十一条 二手车交易市场经营者和二手车经营主体应当依法经营和纳税,遵守商业道德,接受依法实施的监督检查。

第十二条 二手车卖方应当拥有车辆的所有权或者处置权。二手车交易市场经营者和二手车经营主体应当确认卖方的身份证明,车辆的号牌、《机动车登记证书》《机动车行驶证》,有效的机动车安全技术检验合格标志、车辆保险单、交纳税费凭证等。

国家机关、国有企事业单位在出售、委托拍卖车辆时,应持有本单位或者上级单位出具的资产处理证明。

第十三条 出售、拍卖无所有权或者处置权车辆的,应承担相应的法律责任。

第十四条 二手车卖方应当向买方提供车辆的使用、修理、事故、检验以及是否办理抵押登记、交纳税费、报废期等真实情况和信息。买方购买的车辆如因卖方隐瞒和欺诈不能办理转移登记,卖方应当无条件接受退车,并退还购车款等费用。

第十五条 二手车经销企业销售二手车时应当向买方提供质量保证及售后服务承诺,并在经营场所予以明示。

第十六条 进行二手车交易应当签订合同。合同示范文本由国务院工商行政管理部门制定。

第十七条 二手车所有人委托他人办理车辆出售的,应当与受托人签订委托书。

第十八条 委托二手车经纪机构购买二手车时,双方应当按以下要求进行:

(一)委托人向二手车经纪机构提供合法身份证明;

(二)二手车经纪机构依据委托人要求选择车辆,并及时向其通报市场信息;

(三)二手车经纪机构接受委托购买时,双方签订合同;

(四)二手车经纪机构根据委托人要求代为办理车辆鉴定评估,鉴定评估所发生的费用由委托人承担。

第十九条 二手车交易完成后,卖方应当及时向买方交付车辆、号牌及车辆法定证明、凭证。车辆法定证明、凭证主要包括:

(一)《机动车登记证书》;

(二)《机动车行驶证》;

（三）有效的机动车安全技术检验合格标志；

（四）车辆购置税完税证明；

（五）养路费缴付凭证；

（六）车船使用税缴付凭证；

（七）车辆保险单。

第二十条 下列车辆禁止经销、买卖、拍卖和经纪：

（一）已报废或者达到国家强制报废标准的车辆；

（二）在抵押期间或者未经海关批准交易的海关监管车辆；

（三）在人民法院、人民检察院、行政执法部门依法查封、扣押期间的车辆；

（四）通过盗窃、抢劫、诈骗等违法犯罪手段获得的车辆；

（五）发动机号码、车辆识别代号或者车架号码与登记号码不相符，或者有凿改迹象的车辆；

（六）走私、非法拼（组）装的车辆；

（七）不具有第二十二条所列证明、凭证的车辆；

（八）在本行政辖区以外的公安机关交通管理部门注册登记的车辆；

（九）国家法律、行政法规禁止经营的车辆。

二手车交易市场经营者和二手车经营主体发现车辆具有（四）、（五）、（六）情形之一的，应当及时报告公安机关、工商行政管理部门等执法机关。

对交易违法车辆的，二手车交易市场经营者和二手车经营主体应当承担连带赔偿责任和其他相应的法律责任。

第二十一条 二手车经销企业销售、拍卖企业拍卖二手车时，应当按规定向买方开具税务机关监制的统一发票。

进行二手车直接交易和通过二手车经纪机构进行二手车交易的，应当由二手车交易市场经营者按规定向买方开具税务机关监制的统一发票。

第二十二条 二手车交易完成后，现车辆所有人应当凭税务机关监制的统一发票，按法律、法规有关规定办理转移登记手续。

第二十三条 二手车交易市场经营者应当为二手车经营主体提供固定场所和设施，并为客户提供办理二手车鉴定评估、转移登记、保险、纳税等手续的条件。二手车经销企业、经纪机构应当根据客户要求，代办二手车鉴定评估、转移登记、保险、纳税等手续。

第二十四条 二手车鉴定评估应当本着买卖双方自愿的原则，不得强制进行；属国有资产的二手车应当按国家有关规定进行鉴定评估。

第二十五条 二手车鉴定评估机构应当遵循客观、真实、公正和公开原则，依据国家法律法规开展二手车鉴定评估业务，出具车辆鉴定评估报告；并对鉴定评估报告中车辆技术状况，包括是否属事故车辆等评估内容负法律责任。

第二十六条 二手车鉴定评估机构和人员可以按国家有关规定从事涉案、事故车辆鉴定等评估业务。

第二十七条　二手车交易市场经营者和二手车经营主体应当建立完整的二手车交易购销、买卖、拍卖、经纪以及鉴定评估档案。

第二十八条　设立二手车交易市场、二手车经销企业开设店铺,应当符合所在地城市发展及城市商业发展有关规定。

第四章　监督与管理

第二十九条　二手车流通监督管理遵循破除垄断,鼓励竞争,促进发展和公平、公正、公开的原则。

第三十条　建立二手车交易市场经营者和二手车经营主体备案制度。凡经工商行政管理部门依法登记,取得营业执照的二手车交易市场经营者和二手车经营主体,应当自取得营业执照之日起2个月内向省级商务主管部门备案。省级商务主管部门应当将二手车交易市场经营者和二手车经营主体有关备案情况定期报送国务院商务主管部门。

第三十一条　建立和完善二手车流通信息报送、公布制度。二手车交易市场经营者和二手车经营主体应当定期将二手车交易量、交易额等信息通过所在地商务主管部门报送省级商务主管部门。省级商务主管部门将上述信息汇总后报送国务院商务主管部门。国务院商务主管部门定期向社会公布全国二手车流通信息。

第三十二条　商务主管部门、工商行政管理部门应当在各自的职责范围内采取有效措施,加强对二手车交易市场经营者和经营主体的监督管理,依法查处违法违规行为,维护市场秩序,保护消费者的合法权益。

第三十三条　国务院工商行政管理部门会同商务主管部门建立二手车交易市场经营者和二手车经营主体信用档案,定期公布违规企业名单。

第五章　附　则

第三十四条　本办法自2005年10月1日起施行,原《商务部办公厅关于规范旧机动车鉴定评估管理工作的通知》(商建字〔2004〕第70号)、《关于加强旧机动车市场管理工作的通知》(国经贸贸易〔2001〕1281号)、《旧机动车交易管理办法》(内贸机字〔1998〕第33号)及据此发布的各类文件同时废止。

附录三　二手车交易规范

商务部公告

2006 年第 22 号

为规范二手车交易行为,指导交易各方进行二手车交易及相关活动,根据《二手车流通管理办法》,制定《二手车交易规范》,现予发布,在行业内推广实施。

特此公告。

二〇〇六年三月二十四日

《二手车交易规范》

第一章　总　则

第一条　为规范二手车交易市场经营者和二手车经营主体的服务、经营行为,以及二手车直接交易双方的交易行为,明确交易规程,增加交易透明度,维护二手车交易双方的合法权益,依据《二手车流通管理办法》,制定本规范。

第二条　在中华人民共和国境内从事二手车交易及相关的活动适用于本规范。

第三条　二手车交易应遵循诚实、守信、公平、公开的原则,严禁欺行霸市、强买强卖、弄虚作假、恶意串通、敲诈勒索等违法行为。

第四条　二手车交易市场经营者和二手车经营主体应在各自的经营范围内从事经营活动,不得超范围经营。

第五条　二手车交易市场经营者和二手车经营主体应按下列项目确认卖方的身份及车辆的合法性:

(一)卖方身份证明或者机构代码证书原件合法有效;

(二)车辆号牌、机动车登记证书、机动车行驶证、机动车安全技术检验合格标志真实、合法、有效;

(三)交易车辆不属于《二手车流通管理办法》第二十三条规定禁止交易的车辆。

第六条　二手车交易市场经营者和二手车经营主体应核实卖方的所有权或处置权证明。车辆所有权或处置权证明应符合下列条件:

(一)机动车登记证书、行驶证与卖方身份证明名称一致;国家机关、国有企事业单位出售的车辆,应附有资产处理证明;

(二)委托出售的车辆,卖方应提供车主授权委托书和身份证明;

(三)二手车经销企业销售的车辆,应具有车辆收购合同等能够证明经销企业拥有该车所有权或处置权的相关材料，以及原车主身份证明复印件。原车主名称应与机动车登记证、行驶证名称一致。

第七条　二手车交易应当签订合同，明确相应的责任和义务。交易合同包括收购合同、销售合同、买卖合同、委托购买合同、委托出售合同、委托拍卖合同等。

第八条　交易完成后，买卖双方应当按照国家有关规定，持下列法定证明、凭证向公安机关交通管理部门申办车辆转移登记手续：

（一）买方及其代理人的身份证明；

（二）机动车登记证书；

（三）机动车行驶证；

（四）二手车交易市场、经销企业、拍卖公司按规定开具的二手车销售统一发票；

（五）属于解除海关监管的车辆，应提供《中华人民共和国海关监管车辆解除监管证明书》。

车辆转移登记手续应在国家有关政策法规所规定的时间内办理完毕，并在交易合同中予以明确。

完成车辆转移登记后，买方应按国家有关规定，持新的机动车登记证书和机动车行驶证到有关部门办理车辆购置税、养路费变更手续。

第九条　二手车应在车辆注册登记所在地交易。二手车转移登记手续应按照公安部门有关规定在原车辆注册登记所在地公安机关交通管理部门办理。需要进行异地转移登记的，由车辆原属地公安机关交通管理部门办理车辆转出手续，在接收地公安机关交通管理部门办理车辆转入手续。

第十条　二手车交易市场经营者和二手车经营主体应根据客户要求提供相关服务，在收取服务费、佣金时应开具发票。

第十一条　二手车交易市场经营者、经销企业、拍卖公司应建立交易档案，交易档案主要包括以下内容：

（一）本规范第五条第二款规定的法定证明、凭证复印件；

（二）购车原始发票或者最近一次交易发票复印件；

（三）买卖双方身份证明或者机构代码证书复印件；

（四）委托人及授权代理人身份证或者机构代码证书以及授权委托书复印件；

（五）交易合同原件；

（六）二手车经销企业的《车辆信息表》（见附件一），二手车拍卖公司的《拍卖车辆信息》（见附件二）和《二手车拍卖成交确认书》（见附件三）；

（七）其他需要存档的有关资料。

交易档案保留期限不少于3年。

第十二条　二手车交易市场经营者、二手车经营主体发现非法车辆、伪造证照和车牌等违法行为，以及擅自更改发动机号、车辆识别代号（车架号码）和调整里程表等情况，应及时向有关执法部门举报，并有责任配合调查。

第二章　收购和销售

第十三条　二手车经销企业在收购车辆时,应按下列要求进行:

(一)按本规范第五条和第六条所列项目核实卖方身份以及交易车辆的所有权或处置权,并查验车辆的合法性。

(二)与卖方商定收购价格,如对车辆技术状况及价格存有异议,经双方商定可委托二手车鉴定评估机构对车辆技术状况及价值进行鉴定评估。达成车辆收购意向的,签订收购合同,收购合同中应明确收购方享有车辆的处置权。

(三)按收购合同向卖方支付车款。

第十四条　二手车经销企业将二手车销售给买方之前,应对车辆进行检测和整备。

二手车经销企业应对进入销售展示区的车辆按《车辆信息表》的要求填写有关信息,在显要位置予以明示,并可根据需要增加《车辆信息表》的有关内容。

第十五条　达成车辆销售意向的,二手车经销企业应与买方签订销售合同,并将《车辆信息表》作为合同附件。按合同约定收取车款时,应向买方开具税务机关监制的统一发票,并如实填写成交价格。

买方持本规范第八条规定的法定证明、凭证到公安机关交通管理部门办理转移登记手续。

第十六条　二手车经销企业向最终用户销售使用年限在3年以内或行驶里程在6万公里以内的车辆(以先到者为准,营运车除外),应向用户提供不少于3个月或5 000公里(以先到者为准)的质量保证。质量保证范围为发动机系统、转向系统、传动系统、制动系统、悬挂系统等。

第十七条　二手车经销企业向最终用户提供售后服务时,应向其提供售后服务清单。

第十八条　二手车经销企业在提供售后服务的过程中,不得擅自增加未经客户同意的服务项目。

第十九条　二手车经销企业应建立售后服务技术档案。售后服务技术档案包括以下内容:

(一)车辆基本资料。主要包括车辆品牌型号、车牌号码、发动机号、车架号、出厂日期、使用性质、最近一次转移登记日期、销售时间、地点等。

(二)客户基本资料。主要包括客户名称(姓名)、地址、职业、联系方式等。

(三)维修保养记录。主要包括维修保养的时间、里程、项目等。

售后服务技术档案保存时间不少于3年。

第三章　经　纪

第二十条　购买或出售二手车可以委托二手车经纪机构办理。委托二手车经纪机构购买二手车时,应按《二手车流通管理办法》第二十一条规定进行。

第二十一条　二手车经纪机构应严格按照委托购买合同向买方交付车辆、随车文件及本规范第五条第二款规定的法定证明、凭证。

第二十二条　经纪机构接受委托出售二手车,应按以下要求进行:

(一)及时向委托人通报市场信息;

(二)与委托人签订委托出售合同;

(三)按合同约定展示委托车辆,并妥善保管,不得挪作他用;

(四)不得擅自降价或加价出售委托车辆。

第二十三条　签订委托出售合同后,委托出售方应当按照合同约定向二手车经纪机构交付车辆、随车文件及本规范第五条第二款规定的法定证明、凭证。

车款、佣金给付按委托出售合同约定办理。

第二十四条　通过二手车经纪机构买卖的二手车,应由二手车交易市场经营者开具国家税务机关监制的统一发票。

第二十五条　进驻二手车交易市场的二手车经纪机构应与交易市场管理者签订相应的管理协议,服从二手车交易市场经营者的统一管理。

第二十六条　二手车经纪人不得以个人名义从事二手车经纪活动。

二手车经纪机构不得以任何方式从事二手车的收购、销售活动。

第二十七条　二手车经纪机构不得采取非法手段促成交易,以及向委托人索取合同约定佣金以外的费用。

第四章　拍　卖

第二十八条　从事二手车拍卖及相关中介服务活动,应按照《拍卖法》及《拍卖管理办法》的有关规定进行。

第二十九条　委托拍卖时,委托人应提供身份证明、车辆所有权或处置权证明及其他相关材料。拍卖人接受委托的,应与委托人签订委托拍卖合同。

第三十条　委托人应提供车辆真实的技术状况,拍卖人应如实填写《拍卖车辆信息》。

如对车辆的技术状况存有异议,拍卖委托双方经商定可委托二手车鉴定评估机构对车辆进行鉴定评估。

第三十一条　拍卖人应于拍卖日7日前发布公告。拍卖公告应通过报纸或者其他新闻媒体发布,并载明下列事项:

(一)拍卖的时间、地点;

(二)拍卖的车型及数量;

(三)车辆的展示时间、地点;

(四)参加拍卖会办理竞买的手续;

(五)需要公告的其他事项。

拍卖人应在拍卖前展示拍卖车辆,并在车辆显著位置张贴《拍卖车辆信息》。车辆的展示时间不得少于2天。

第三十二条　进行网上拍卖,应在网上公布车辆的彩色照片和《拍卖车辆信息》,公布时间不得少于 7 天。

网上拍卖是指二手车拍卖公司利用互联网发布拍卖信息,公布拍卖车辆技术参数和直观图片,通过网上竞价,网下交接,将二手车转让给超过保留价的最高应价者的经营活动。

网上拍卖过程及手续应与现场拍卖相同。网上拍卖组织者应根据《拍卖法》及《拍卖管理办法》有关条款制定网上拍卖规则,竞买人则需要办理网上拍卖竞买手续。

任何个人及未取得二手车拍卖人资质的企业不得开展二手车网上拍卖活动。

第三十三条 拍卖成交后,买受人和拍卖人应签署《二手车拍卖成交确认书》。

第三十四条 委托人、买受人可与拍卖人约定佣金比例。

委托人、买受人与拍卖人对拍卖佣金比例未作约定的,依据《拍卖法》及《拍卖管理办法》有关规定收取佣金。

拍卖未成交的,拍卖人可按委托拍卖合同的约定向委托人收取服务费用。

第三十五条 拍卖人应在拍卖成交且买受人支付车辆全款后,将车辆、随车文件及本规范第五条第二款规定的法定证明、凭证交付给买受人,并向买受人开具二手车销售统一发票,如实填写拍卖成交价格。

第五章 直接交易

第三十六条 二手车直接交易方为自然人的,应具有完全民事行为能力。无民事行为能力的,应由其法定代理人代为办理,法定代理人应提供相关证明。

二手车直接交易委托代理人办理的,应签订具有法律效力的授权委托书。

第三十七条 二手车直接交易双方或其代理人均应向二手车交易市场经营者提供其合法身份证明,并将车辆及本规范第五条第二款规定的法定证明、凭证送交二手车交易市场经营者进行合法性验证。

第三十八条 二手车直接交易双方应签订买卖合同,如实填写有关内容,并承担相应的法律责任。

第三十九条 二手车直接交易的买方按照合同支付车款后,卖方应按合同约定及时将车辆及本规范第五条第二款规定的法定证明、凭证交付买方。

车辆法定证明、凭证齐全合法,并完成交易的,二手车交易市场经营者应当按照国家有关规定开具二手车销售统一发票,并如实填写成交价格。

第六章 交易市场的服务与管理

第四十条 二手车交易市场经营者应具有必要的配套服务设施和场地,设立车辆展示交易区、交易手续办理区及客户休息区,做到标识明显,环境整洁卫生。交易手续办理区应设立接待窗口,明示各窗口业务受理范围。

第四十一条 二手车交易市场经营者在交易市场内应设立醒目的公告牌,明示交易服务程序、收费项目及标准、客户查询和监督电话号码等内容。

第四十二条 二手车交易市场经营者应制定市场管理规则,对场内的交易活动负有监督、规范和管理责任,保证良好的市场环境和交易秩序。由于管理不当给消费者造成损失的,应承担相应的责任。

第四十三条　二手车交易市场经营者应及时受理并妥善处理客户投诉,协助客户挽回经济损失,保护消费者权益。

第四十四条　二手车交易市场经营者在履行其服务、管理职能的同时,可依法收取交易服务和物业等费用。

第四十五条　二手车交易市场经营者应建立严格的内部管理制度,牢固树立为客户服务、为驻场企业服务的意识,加强对所属人员的管理,提高人员素质。二手车交易市场服务、管理人员须经培训合格后上岗。

第七章　附　则

第四十六条　本规范自发布之日起实施。

附件1

车辆信息表

质量保证类别						
车 牌 号						
经销企业名称						
营业执照号码		地 址				
车辆基本信息	车辆价格	￥ 元	品牌型号		车身颜色	
	初次登记	年 月 日	行驶里程	公里	燃 料	
	发动机号		车架号码		生产厂家	
	出厂日期	年 月	年检到期	年 月	排放等级	
	结构特点	□自动挡 □手动挡 □ABS □其他_____				
	使用性质	□营运 □出租车 □非营运 □营转非 □出租营转非 □教练车 □其他____				
	交通事故记录 次数/类别/程度					
	重大维修记录 时间/部件					
	法定证明、凭证	□号牌 □行驶证 □登记证 □年检证明 □车辆购置税完税证明 □养路费缴付证明 □车船使用税完税证明 □保险单 □其他____				
车辆技术状况						
质量保证						
声明	本车辆符合《二手车流通管理办法》有关规定,属合法车辆。					
	买方(签章) 经销企业(签章) 经办人(签章) 年 月 日					
备注	1.本表由经销企业负责填写。 2.本表一式三份,一份用于车辆展示,其余作为销售合同附件。					

填表说明

1. 质量保证类别。车辆使用年限在 3 年以内或行驶里程在 6 万公里以内（以先到者为准，营运车除外），填写"本车属于质量保证车辆"。

如果超出质量保证范围，则在质量保证类别栏中填写"本车不属于质量保证车辆"，质量保证栏填写"本公司无质量担保责任"。

2. 经销企业名称、营业执照号码及地址应按照企业营业执照所登记的内容填写。

3. 车辆基本信息按车辆登记证书所载信息填写。

（1）行驶里程按实际行驶里程填写。如果更换过仪表，应注明更换之前行驶里程；如果不能确定实际行驶里程，则应予以注明。

（2）年检到期日以车辆最近一次年检证明所列日期为准。

（3）车辆价格按二手车经销企业拟卖出价格填写，可以不是最终销售价。

（4）其他信息根据车辆具体情况，符合项在□中画√。

（5）使用性质按表中所列分类，符合项在□中画√。

（6）交通事故记录次数/类别/程度，应根据可查记录或原车主的描述以及在对车辆进行技术状况检测过程中发现的对车辆有重大损害的交通事故次数、类别及程度填写。未发生过重大交通事故填写"无"。

（7）重大维修记录应根据可查记录或原车主的描述以及在车辆检测过程中发现的更换或维修车辆重要部件部分（比如发动机大中修等）填写有关内容。车辆未经过大中修填写"无"。

4. 法定证明、凭证等按表中所列项目，符合项在□中画√。

5. 车辆技术状况是指车辆在展示前，二手车经销企业对车辆技术状况及排放状况进行检测，检测项目及检测方式根据企业具体情况实施，并将检测结果在表中填写。同时，检验员应在表中相应位置签字。

6. 属于质量担保车辆的，经销企业根据交易车辆的实际情况，填写质量保证部件、里程和时间。一般情况下，质量保证可按以下内容填写：

（1）质量保证范围为：从车辆售出之日起 3 个月或行驶 5 000 公里，以先到为准。

（2）本公司在车辆销售之前或之后质量保证期内，保证车辆安全技术性能。

（3）质量保证不包括轮胎、电瓶、内饰和车身油漆，也不包括因车辆碰撞、车辆用于赛车或拉力赛等非正常使用造成的质量问题。

经销企业也可根据实际情况适当延长质量保证期限，放宽对使用年限和行驶里程的限制。

7. 当车辆实现销售时，由经销企业及其经办人和买方分别在签章栏中签章。

附件 2

拍卖车辆信息

拍卖企业名称					
营业执照号码			地　　址		
拍卖时间	年　月　日		拍卖地点		

车辆基本信息	车　牌　号		厂牌型号		车身颜色	
	初次登记日期	年　月　日	行驶里程	公里	燃　料	
	发动机号		车架号			
	出厂日期	年　月	发动机排量			
	年检到期日	年　月	生产厂家			
	结构特点	□自动挡　　□手动挡　　　　　□ABS　　　□其他＿＿＿＿＿				
	使用性质	□营运　□出租车　□非营运　□营转非　□出租营转非　□教练车　□其他＿＿＿				
	交通事故记录 次数/类别/程度					
	重大维修记录					
	其他提示					

法定证明、凭证等	□号牌　　□行驶证　　□登记证　□年检证明　　□车辆购置税完税证明 □养路费缴付证明　□车船使用税完税证明　□保险单　□其他＿＿＿

车辆技术状况	
	检测日期　　　　　　　　　　　　检测人

质量保证	

声明	本车辆符合《二手车流通管理办法》有关规定,属合法车辆。

其他载明事项	
	拍卖人(签章):

备注	1.本表由拍卖人填写。 2.本表一式三份,一份用于车辆展示,其余作为拍卖成交确认书附件。

填表说明

1. 拍卖企业名称、营业执照号码及地址应按照企业营业执照所登记的内容填写。

2. 拍卖时间、地点填写拍卖会举办的时间和地点。

3. 车辆基本信息按车辆登记证书所载信息填写。

（1）行驶里程按实际行驶里程填写。如果更换过仪表，应注明更换之前行驶里程；如果不能确定实际行驶里程，则应予以注明。

（2）年检到期日以车辆最近一次年检证明所列日期为准。

（3）其他信息根据车辆具体情况，符合项在□中画√。

（4）使用性质按表中所列分类，符合项在□中画√。

（5）交通事故记录次数/类别/程度，应根据可查记录或委托方的描述以及在对车辆进行技术状况检测过程中发现的，对车辆有重大损害的交通事故次数、类别及程度填写。确定未发生过重大交通事故，填写"无"。

（6）重大维修记录应根据可查记录或委托方的描述以及在车辆检测过程中发现的更换或维修车辆重要部件部分（比如发动机大中修等）填写有关内容。确定未经过大中修填写"无"。

（7）拍卖企业应在其他提示栏口指出车辆存在的质量缺陷、未排除的故障等方面的瑕疵。

4. 法定证明、凭证等按表中所列项目，符合项在□中画√。

5. 车辆技术状况是指车辆在展示前，拍卖企业对车辆技术状况及排放状况进行检测，检测项目及检测方式根据企业具体情况实施，并将检测结果在表中填写。同时，检验员应在表中相应位置签字。

6. 有能力的拍卖企业可为拍卖车辆提供质量保证，质量担保范围可参照经销企业的《车辆信息表》有关要求。质量保证部件、里程和时间可根据实际情况由企业自行掌握。

7. 其他载明事项是拍卖企业需要对车辆进行特殊说明的事项。

8. 当车辆拍卖成交时，拍卖人在签章栏中签章。

附件3

二手车拍卖成交确认书

拍卖人：

买受人：

签订地点：

签订时间：

经审核本拍卖标的手续齐全，符合国家有关规定，属于合法车辆。

拍卖人于____年__月__日在_____举行拍卖会上，竞标号码为_____的竞买人_____，经过公开竞价，成功竞得_____。拍卖标的物的详情见附件《拍卖车辆信息》。依照《二手车流通管理办法》《中华人民共和国拍卖法》及有关法律、行政法规之规定，双方签订拍卖成交确认书如下：

一、成交拍卖标的：拍卖编号为_____的二手机动车，车牌号码为_____。

二、成交价款及佣金：标的成交价款为人民币大写_____元（¥_____），佣金比例为成交总额的_____％，佣金为人民币大写_____元（¥_____），合计大写_____元（¥_____）。

三、付款方式：拍卖标的已经拍定，其买受人在付足全款后方可领取该车。

四、交接：拍卖人在买受人付足全款后，应将拍出的车辆移交给买受人，并向买受人提供车辆转移登记所需的号牌、《机动车登记证书》、《机动车行驶证》、有效的机动车安全技术检验合格标志、车辆购置税完税证明、养路费缴付凭证、车船使用税缴付凭证、车辆保险单等法定证明、凭证。

五、转移登记：买受人应自领取车辆及法定证明、凭证之日起30日内，向公安机关交通管理部门申办转移登记手续。

六、质量保证：_____。

七、声明：买受人已充分了解拍卖标的全部情况，承认并且愿意遵守《中华人民共和国拍卖法》和国家有关法律、行政法规之各项条款。

八、其他约定事项：

_____

_____

_____

买受人（签章）：　　　　　　　　　　拍卖人（签章）：

法定代表人：　　　　　　　　　　　　法定代表人：

参考文献

[1]明光星,历承玉.二手车鉴定评估实用教程[M].北京:机械工业出版社,2011.

[2]庞昌乐.二手车评估与交易实务[M].3版.北京:北京理工大学出版社,2017.

[3]刘仲国.二手车交易与评估[M].2版.北京:机械工业出版社,2018.

[4]裘文才.二手车评估[M] 北京:人民交通出版社,2010.

[5]卢伟,韩平.二手车鉴定与评估[M].北京:北京大学出版社,2012.

[6]韩建保.旧车鉴定及评估[M].北京:高等教育出版社,2006.

[7]陈高翔.二手车交易实用手册[M].北京:机械工业出版社,2008.

[8]王晓飞.二手车鉴定与评估[M].镇江:江苏大学出版社,2016.

[9]王福忠.机动车保险与理赔[M].北京:北京大学出版社,2012.

[10]王云鹏,鹿应荣.车辆保险与理赔[M].北京:机械工业出版社,2010.

[11]李青.车辆保险与理赔[M].杭州:浙江大学出版社,2015.

[12]白建伟.汽车碰撞分析与估损[M].2版.北京:机械工业出版社,2016.

[13]中国就业培训技术指导中心.二手车鉴定评估师:国家职业资格四级[M].北京:中国劳动社会保障出版社,2016.

[14]张建俊.汽车诊断与检测技术[M].4版.北京:人民交通出版社,2015.

[15]吴兴敏,李晓峰.汽车整车性能检测[M].2版.北京:北京理工大学出版社,2016.

[16]刘春慧.资产评估[M].北京:中国财政经济出版社,2013.

[17]俞明轩,王逸玮.资产评估[M].北京:中国人民大学出版社,2017.

[18]马定虎.二手汽车电商平台推广建议[J]:合作经济与科技,2016(3):70 -71.

[19]王克强.汽车后市场行业现状及发展趋势[J].商业,2015(11):266.

[20]田辉.关于事故车检测方法的探讨[J].科技展望,2016(26):114.

[21]方圆圆.信息不对称下中国二手车市场的发展对策研究[D].武汉:湖北工业大学,2016.

[22]谭林丛.市场法在二手车评估中的应用研究[D].保定:河北大学,2015.